LA DÉFAITE ALLEMANDE

Comte CHARLES DE SOUZA
et Major HALDANE MACFALL

LA DÉFAITE ALLEMANDE

HISTOIRE STRATÉGIQUE DE LA GUERRE

Première phase

AOUT-SEPTEMBRE 1914

TRADUITE DE L'ANGLAIS AVEC L'AUTORISATION DES AUTEURS
PAR
MICHEL PALMER

Ouvrage accompagné de vingt cartes et plans.

PARIS
LIBRAIRIE ACADÉMIQUE
PERRIN ET Cie, LIBRAIRES-ÉDITEURS
35, QUAI DES GRANDS-AUGUSTINS, 35
1917

PRÉFACE

Le nom du major Haldane Macfall paraît sur l'en-tête de ce livre parce que la version anglaise contient une préface ainsi qu'une introduction importante signées de lui. Il a aussi aidé l'auteur à produire cet ouvrage et à le faire connaître du public anglais. De l'introduction qui, dans l'ensemble, s'adresse presqu'exclusivement à ses compatriotes, je traduis ici quelques passages qui donnent la raison d'être du livre et qui peuvent aussi intéresser les lecteurs français :

«..... Il est de haute importance, pour continuer et conclure la guerre dans de bonnes conditions, que l'on comprenne que l'Allemagne a été battue à la Marne, que le peuple allemand est depuis lors vaincu, et que l'écrasement complet des forces allemandes est proche. Il faut que le public se rende compte que les destinées de l'Europe ont déjà été décidées en France et que les grandes opérations qui se poursuivent ne sont que le complément d'un succès acquis. Ne nous trompons pas ! L'écrasement complet de la puissance teutonne peut nécessiter des sacrifices encore plus grands, de la part des vainqueurs que sa défaite même, car si elle est vaincue, elle n'est pas à bout... Le peuple allemand est induit en erreur, systématiquement, par ses chefs militaires qui s'ingénient de toutes façons à tromper le monde afin de conserver encore quelques atouts dans leur jeu..... Et c'est afin de contrecarrer l'effet trop certain de ces procédés que cet ouvrage est offert au public, afin qu'il saisisse et comprenne la stratégie de la guerre et qu'il se rende bien compte que la victoire est déjà acquise aux puissances Alliées... »

«... Les Histoires militaires sont généralement écrites avec parti pris, ce qui est naturel vu que ceux qui s'en chargent appartiennent le plus souvent à l'une des nations belligérantes et arrangent les faits à leur façon. Il s'ensuit que les grandes lignes d'une campagne restent confuses et que l'étude de la stratégie est ardue et n'est guère appréciée de tout le monde... Ce livre est fait pour mettre les choses au point, clairement, et avec impartialité, par un étudiant militaire de haut savoir et de grand talent, qui apporte à l'examen des campagnes cet esprit d'exactitude qui est nécessaire lorsqu'on veut atteindre à la vérité... »

Suivent des considérations, que je ne traduirai pas ici, sur le rôle naval de l'Angleterre; sur le prestige militaire des Allemands ; et sur l'inhabileté des journalistes alliés et des neutres à se rendre compte de la défaite des Allemands.

MICHEL PALMER.

LA DÉFAITE ALLEMANDE

CHAPITRE PREMIER

SITUATION DES ARMÉES ALLEMANDES A L'OUVERTURE DES HOSTILITÉS

Une histoire de la guerre de 1914-1915, écrite en anglais ou en français, doit commencer naturellement par la campagne qui s'est déroulée en France et en Belgique, durant la première phase de la guerre.

Le premier et principal effort de l'agresseur a été dirigé contre la France et la Belgique, et s'il est vrai que les premières lueurs du sinistre ont d'abord éclairé les rives du Danube, et que les événements sur le théâtre oriental de la guerre ont revêtu rapidement un caractère décisif, il n'en est pas moins vrai que c'est en France et en Belgique que s'est joué le sort de l'Europe.

Pour bien suivre cette campagne, on doit la diviser en trois périodes distinctes :

1° De l'ouverture des hostilités à la fin des batailles dites de la Marne.

2° Les batailles de l'Aisne, de Saint-Mihiel et des Flandres.

3° La guerre des tranchées, dénommée guerre de siège.

La première période commence avant l'ouverture des hostilités proprement dites, car elle comprend les très importantes questions de l'organisation, la mobilisation et la concentration des armées.

Le problème militaire doit, dès le début, être examiné par rapport au mouvement des deux adversaires principaux, qui étaient aussi les plus militaires, c'est-à-dire la France et l'Allemagne, elles étaient en même temps les puissances les plus directement intéressées dans ce conflit.

Par la suite, le champ d'opérations s'est considérablement élargi allant jusqu'au Caucase, l'Egypte, les Dardanelles, sans compter le siège de Tsing-Tao en Chine, mais dans la première période — qui fut la plus décisive de la guerre — les principaux éléments du conflit étaient les armées françaises et allemandes. L'Angleterre pour commencer ne put mettre en ligne qu'un contingent restreint, d'environ deux corps d'armée ; le contingent Indou (deux divisions) n'ayant débarqué en France qu'après la fin de la première phase de la guerre, c'est-à-dire, après que le danger de l'écrasement de la France par l'Allemagne fût passé. La Belgique n'eut aussi que très peu de soldats à mettre en ligne et n'eut pas le temps de les concentrer d'une façon efficace. Quant à la Russie, elle ne put pendant cette même phase inquiéter sérieusement l'Allemagne avant d'avoir complété sa mobilisation et d'avoir battu complètement les premiers contingents autrichiens.

Le plan des opérations allemandes était, au su de tout le monde, basé sur la défaite rapide et complète des Français. En lisant les écrits du général Bernhardi, on se rend compte que les Allemands, ou plutôt leurs chefs militaires, ne méprisaient pas l'armée française autant qu'on pourrait le croire et qu'ils considéraient la France comme étant leur adversaire le plus redoutable sur le Continent.

Pour l'Allemagne, la solution du problème consistait donc dans l'emploi de tous les moyens visant à l'écrasement de la France dans l'espace de temps le plus bref.

Les moyens dont disposait l'Allemagne, si elle pouvait les utiliser dans toute leur mesure, lui assuraient des avantages décisifs : rapidité de mobilisation et de concentration, et une grande supériorité numérique.

La rapidité de la mobilisation et de la concentration des armées était facilitée d'une part, par le fait que la Constitution allemande autorise le Souverain, qui est en même temps le chef de l'armée, à décréter la mobilisation sans aucune sanction du Parlement ; et d'autre part par un système de voies ferrées établi dans un but purement stratégique. La supériorité du nombre était fournie par une population plus grande et par une centralisation plus complète des forces. Sur ce point l'Allemagne était encore favorisée car elle n'avait pas à amener de troupes d'outre-mer, tandis que la France avait une partie de ses meilleurs effectifs dans ses colonies d'Asie et d'Afrique.

Aucun Allemand, fût-il des plus pessimistes, ne pouvait douter du résultat du conflit ; et dans ces journées de préliminaires diplomatiques, hâtifs ou brusqués et de préparatifs formidables, l'Allemagne se dressait triomphante, enivrée par la conscience de sa force et la certitude absolue de la victoire, d'une victoire qui serait, elle n'en doutait point, rapide, foudroyante. Elle vivait dans les souvenirs de 1870 ; et depuis elle était devenue plus unie, plus forte et surtout plus provocante. Le respect et la crainte qu'elle semblait inspirer à ses voisins n'étaient, à ses yeux, qu'une preuve de leur faiblesse, et le mouvement pacifiste, le désir de la Paix Universelle manifesté par ces mêmes voisins, ne représentaient pour elle que l'expression de la lâcheté dont ils étaient atteints.

L'heure si longuement attendue sonnait. D'un cœur léger l'Allemagne entière avec le rire argentin de Siegfried sur les lèvres, se lèverait, franchirait les frontières et ses millions de guerriers entraînés réduiraient à merci les nations « efféminées » et « décadentes » qu'elle voulait conquérir. Certes, dans la masse formidable des armées nombreuses qui, vers la fin de juillet 1914, traversèrent le Rhin, on peut dire que pas un individu ne doutait que la fin de la France ne fût irrémédiable et proche. La date même de l'entrée en campagne était d'heureux augure, et devait sans doute porter chance aux armées du Kaiser car, n'était-ce pas aussi le 1er août, quarante-quatre ans plus tôt que les vainqueurs de Sedan et de Metz avaient franchi la frontière? Cette fois-ci cependant, le haut commandement allemand prévoyait une différence assez nette avec ce qui s'était passé alors, c'est que le problème d'écraser la France dans le plus bref délai n'était qu'à moitié résolu par la mobilisation secrète et la concentration rapide des forces allemandes. En effet la mobilisation et la concentration ne pourraient permettre de placer dans l'Ouest toutes les troupes de première ligne avec un nombre égal des formations de réserve de premier ordre, au moins la moitié de ces unités, faute de place ou de terrain pour se déployer, devraient être par là réduites à l'inactivité en arrière, et ne pourraient avancer que pour combler les vides, c'est-à-dire : les trous qui seraient occasionnés par les balles et les obus français ; la frontière trop restreinte serait cause de cette congestion désavantageuse pour l'Allemagne. De Thionville au Nord à Mulhouse au Sud, trois armées seulement de quatre à cinq corps d'armée chacune pouvaient être concentrées ; il en resterait quatre autres d'égale force retenues en arrière faute de place pour manœuvrer. En outre la ligne défensive française de l'Est était formidable, de sorte que la concentration des Français pourrait s'accomplir en sécurité derrière cette ligne imprenable, ce qui enlèverait à l'Allemagne la supériorité la plus efficace dont elle pouvait jouir, celle du nombre. L'Allemagne remporterait la victoire, c'était certain, elle n'en doutait nullement, mais en se bornant à attaquer la France sur son front le plus fort, il faudrait à l'Allemagne plusieurs mois pour remporter un succès complet et décisif ; et d'ici là, la Russie deviendrait dangereuse. Tels étaient les calculs de l'état-major allemand, qui, à rebours de l'illusion populaire, envisageait son plan de campagne sous un point de vue purement technique, sans se laisser influencer par des raisons de sentiment ni par des considérations politiques.

Imbus de leurs théories stratégiques, des préceptes de leur grand Frédéric, et de Moltke, ils subordonnaient tout à la nécessité de la guerre. C'est si vrai, que le problème que nous venons d'examiner était déjà jaugé et résolu, de longtemps avant la guerre, l'état-major allemand n'en ayant point fait un secret. Un système de voies ferrées stratégiques avait été élaboré et construit le long de la frontière belge, et les écrivains militaires allemands parmi lesquels se trouvaient des officiers de distinction, ont donné la publicité la plus étendue sur ce sujet et aux projets de l'Allemagne dans cette voie.

En définitive le choix des points de concentration de plusieurs armées allemandes au nord de Trèves, prouve d'une manière absolue que l'état-major général allemand était irrévocablement décidé à violer la neutralité de la Belgique ; la concentration des armées étant une affaire longue et compliquée que l'on ne peut modifier sans contre-ordres, contre-marches, et la confusion naturelle qui résulte de ces contre-temps. De fait, l'état-major allemand se basant strictement sur des principes stratégiques, n'omit rien dans ses calculs, pas même, comme d'aucuns l'ont cru, la possibilité de la participation de la Grande-Bretagne au conflit, ni la résistance des Belges. Sans doute le peuple, et la masse des subalternes allemands ignoraient tout cela, puisque les chefs suprêmes n'ont pas coutume de délibérer en public. Du reste le public qui n'est pas exercé à raisonner stratégiquement, n'est point capable de tirer des conclusions, même des préparatifs les plus évidents et les plus significatifs.

L'examen minutieux des alternatives stratégiques qui constituent les bases de tout conseil militaire ne peut laisser douter que lorsque l'Allemagne lança son défi, et que les hordes teutonnes se portèrent en masses sur les frontières du Luxembourg et de la Belgique, l'état-major général allemand était prêt à faire face à toutes les éventualités, et à modifier le plan de campagne au cours des événements. Rien ne pouvait arrêter les Allemands; ils se considéraient des génies dans la guerre; ils se déclaraient hautement invincibles. Ils croyaient fermement que nuls soldats au monde ne pouvaient résister aux leurs. Même au pis aller, si les Belges et les Anglais par exemple se rangeaient du côté des Français, les Allemands n'entretenaient aucun doute sur les fins du conflit. Leurs ressources leur permettaient d'écraser aisément tous les ennemis qui se présenteraient, et l'état-major allemand était en possession d'alternatives pouvant s'adapter chacune à toute complication politique qui surviendrait; mais ceci dit, les Allemands tenaient naturellement à ne combattre que la France toute seule en attendant de pouvoir diriger à leur aise leurs armées victorieuses vers d'autres régions qu'ils voulaient aussi subjuguer ou conquérir.

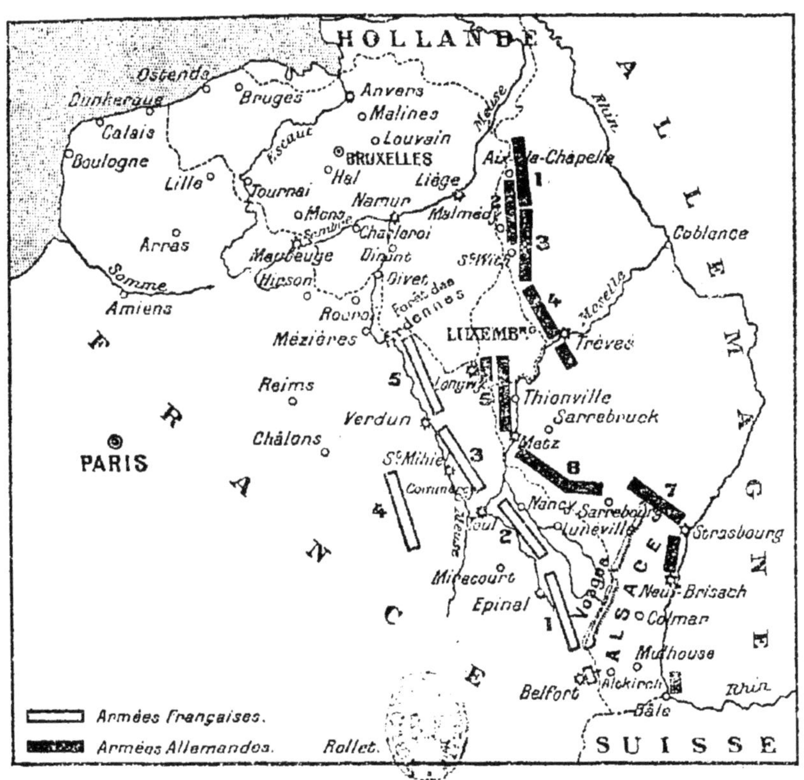

(Carte nº 1). — 1. Positions générales des armées Allemandes de l'ouest à l'ouverture de la guerre.

2. Premier plan de concentration des cinq premières armées Françaises.

CHAPITRE II

POSITION DES FRANÇAIS A L'OUVERTURE DES HOSTILITÉS

La situation de la France au début de la guerre quoique terrible et menaçante, paraissait simple, c'était, après tout, celle qu'on avait prévue et pour laquelle on s'était préparé depuis des années.

La guerre avec l'Allemagne signifiait une attaque de l'ennemi sur la frontière qui importait le plus et qui, pour cette raison, avait été le plus solidement fortifiée. De Verdun, au nord, à Belfort, au sud, s'érigeait le vaste rempart contre l'agression ennemie, un bastion puissant pour parer à toute surprise. Là se trouvaient aussi les troupes de couverture : les divisions de fer des 20e et 7e corps, les murs d'acier de la France, troupes bien équipées, entraînées, et toujours prêtes. Sans compter d'autres éléments d'égale valeur. Pendant que ces corps superbes combattraient et tiendraient les Allemands en échec, les autres effectifs de la France seraient mobilisés et dirigés sur la ligne de feu. Ce front restreint, doté d'une forte organisation, serait facile à défendre et rendrait possible, avant les grands chocs, la concentration efficace des forces totales de la France. En somme, en l'état des choses au moment où les Allemands pénétrèrent en territoire français, la France ne semblait pas en danger. Le fait même de l'inclusion par l'ennemi du grand-duché du Luxembourg dans son champ d'action n'altérait point cet aperçu, la portion de frontière du petit état touchant à la France étant infinitésimale et permettait seulement aux envahisseurs d'attaquer Longwy, forteresse de peu d'importance garnie d'un seul bataillon.

Les Allemands tirèrent quelques avantages des ordres donnés aux troupes de couverture françaises, qui enjoignaient à celles-ci de laisser un espace de 10 kilomètres entre elles et la frontière. Cette mesure prise par le gouvernement français pour témoigner de ses intentions conciliantes et pacifiques, permit aux agresseurs de se saisir de quelques positions avantageuses le long de la frontière, notamment sur les Vosges ; et aussi de prolonger leurs retranchements en Lorraine, au sud de Saarburg et de Saverne jusqu'en territoire français. Mais tout ceci importait peu et les incursions de l'ennemi et la dévastation de quelques villages mitoyens ne pouvaient influer d'aucune façon sur la solidité et la valeur de places fortes telles que Verdun, Toul, Épinal, ou Belfort, ni sur le moral des troupes françaises.

Donc la concentration des armées françaises était entreprise sur une base prévue : celle qui admettait que la France seule serait opposée à l'Allemagne sur le front occidental, et les principales forces françaises, comprenant cinq armées de quatre à cinq corps d'armée chacune, allaient être réunies graduellement, de façon à couvrir un rayon d'action s'étendant de Mézières à Belfort. Ces armées devaient faire face à l'Est. Une d'elles cependant — la 4e — devait se rassembler un peu en arrière des autres, à l'ouest de Commercy ; et c'est là l'unique indice qu'un stratège aurait pu relever, en jetant un coup d'œil sur la carte, de l'appréhension de l'état-major français par rapport à la violation de la neutralité de la Belgique par les Allemands qui était imminente ; parce que la 4e armée française, de par sa position, pouvait sans effectuer un changement de front prononcé, se diriger vers le Nord aussi bien que vers l'Est ; ce qui advint effectivement lorsque la violation de la Belgique fut un fait accompli et que les Belges réclamèrent pour se défendre l'appui de la France ; ce fut alors seulement, mais pas avant, que les trois premières armées françaises étendirent leur rayon d'action vers le Nord ; la 5e armée le long de la Meuse et de Mézières jusqu'à un point en face de Fourmies sur la frontière belge ; la 4e armée, pivotant légèrement vers le Nord, vint se placer entre la 5e et la 3e armées sur la Meuse.

Il faut noter ici que ce changement ne fut pas exécuté en totalité par les effectifs mis en ligne, vu qu'au moment où le plan de concentration dut être changé, la mobilisation n'était pas achevée et le rassemblement des troupes suivait son cours. Les autorités émirent seulement de nouveaux ordres afin de modifier la destination de certaines unités dont quelques-unes durent changer de voie ferrée et même retourner aux dépôts pour reprendre une nouvelle ligne. Ces contre-ordres affectaient naturellement toutes les armes, autant la cavalerie que l'infanterie, l'artillerie, le génie et le train. Il y eut donc des retards inévitables dans le transport des unités et même du désarroi résultant de l'adoption d'un nouveau plan de concentration pendant que les événements se précipitaient. En dépit de ces difficultés, les autorités militaires françaises purent accomplir la mobilisation et la concentration des troupes dans le minimum de temps prévu, résultat remarquable que les Allemands ne prévoyaient certes pas, car ils avaient espéré, par leur attaque brusquée sur Longwy et leurs incursions subites en territoire français, embrouiller l'esprit des généraux français. Une surprise plus immédiate les attendait, car ils ne pouvaient encore se rendre compte du degré de perfection des apprêts des Français. Ce qu'ils constatèrent plutôt, c'est l'union et le sang-froid d'une Nation qu'ils jugeaient entre toutes légère et superficielle, et profondément divisée. Les Allemands qui n'ont eux-mêmes que des notions sommaires des affaires étrangères, étaient convaincus qu'une révolution allait éclater en France. Ils s'attendaient même à voir un soulèvement général où les royalistes, socialistes, démocrates et républicains en combattant entre eux, occasionneraient dans les rangs français, une confusion, une panique qui faciliterait la tâche déjà aisée des armées allemandes.

Jamais nation ne commit d'erreurs plus grandes que l'Allemagne en 1914, et par pure fatuité ne se trompa mieux dans tous ses calculs. Les croyances des Allemands en ce qui concernait la France en particulier étaient extraordinaires d'igorance et de naïveté; et sous ce rapport l'on peut dire que si la vraie culture exige l'abstention totale de la connaissance des autres peuples, alors les Allemands ont vraiment mérité le pompon.

En mettant de côté leurs opinions erronées au sujet du caractère anglais et leur interprétation fantaisiste de la question d'Irlande ainsi que du mouvement suffragiste, il faut admettre que les histoires à dormir debout répandues avec le plus grand sérieux dans toute l'Allemagne au sujet d'une nation avec laquelle ils ont été en contact depuis des siècles, constitue le comble du grotesque et de la fatuité aveugle chez ce peuple grossier. La France est relevée de ses défaites et des pertes subies en 1870-1871 ; la France a fait des progrès gigantesques dans toutes les sphères et toutes les entreprises de l'activité humaine ; la France enfin a fondé en moins de quarante ans un grand empire colonial. Eh bien ! cette France énergique, travailleuse, intelligente, les Allemands même les plus instruits la déclaraient décadente, et par conséquent, mûre pour être conquise, pour subir le joug du Teuton brutal. Était-il possible, raisonnaient ces sages, qu'un tel pays, une République, une démocratie, eût une armée, et pût produire un grand capitaine pour diriger cette armée ?

L'administration française, civile et militaire, n'était-elle pas corrompue jusqu'à la moelle des os ? N'y avait-il pas assez de scandales publics en France pour le prouver ? A la veille même de la guerre, n'y avait-il pas un procès politique sensationnel ? Enfin un membre du Sénat n'avait-il pas déclaré en séance publique que l'armée française était à court de munitions ? Il ne faut pourtant pas trop blâmer les Allemands pour leurs croyances erronées, car en plus du trop fréquent lavage de linge sale qui se fait au grand jour en France, et en dehors des querelles de partis, il s'est trouvé assez de Français, de ceux qui s'opposent généralement aux idées et aux institutions républicaines, pour répandre à l'étranger la fable de la corruption et de la décadence des Français. Malgré cela, l'Allemand avec son savoir tant vanté aurait dû se rendre compte qu'une nation qui, dans le passé avait pu si souvent se relever du désastre, et étonner l'Europe et le Monde par ses recrudescences d'énergie, devait encore devenir, si on l'acculait, un ennemi puissant et redoutable. Tel est l'exemple fourni par la guerre de Cent Ans, Jeanne d'Arc, et, plus près de nous, Rosbach, qui fut suivi de Valmy et d'Iéna.

Pendant la guerre de Sept Ans, la France n'avait eu que des médiocrités pour diriger ses forces. Il en fut de même en 1870. Mais dans les intervalles, sans faire mention de cas antérieurs, le génie militaire français a brillé de tout son éclat. Son passé fait ressortir suffisamment sa fécondité et sa puissance de récupération sans égale.

Ici nous en venons à la plus grande surprise réservée aux Allemands dans cette guerre. La France a prouvé qu'elle avait des hommes de génie pour mener ses armées, des hommes de guerre inconnus hier encore faute de réclame. Aucun d'entre eux n'avait écrit de tomes sensationnels au sujet de la conquête de l'Europe par la

France, ni pour le rétablissement de l'Empire franc ! Pas un d'entre eux n'enseignait le pas de l'oie et autres excentricités pareilles à ses soldats. Nul non plus ne se chargeait de donner des conseils à la Turquie, ni de rédiger des articles sensationnels pour des journaux subventionnés. Ils travaillaient tranquillement et consciencieusement, en s'occupant d'entraîner leurs troupes aux exercices de campagne. Lorsque l'heure solennelle sonna, ils rejoignirent sans tambours ni trompettes leurs postes de commandement. Seul, le commandant en chef fut mentionné dès le début de la guerre, mais les noms de ceux servant sous ses ordres, quoiqu'ils eussent à diriger des opérations importantes, ne furent rendus publics qu'au fur et à mesure des événements et par ordre de mérite personnel. C'est ainsi que d'importants faits d'armes ont été accomplis dans l'anonymat et il est presque certain que celles des opérations de guerre qui ont vraiment sauvé la France et l'Europe n'ont pas encore été remarquées, et qu'elles ne survivront pas dans le souvenir des générations futures. Nous ne prétendons pas ici que tous les généraux français étaient des génies ; quelques-uns se signalèrent par leur médiocrité. Sans doute le commandant en chef à qui le Gouvernement de la République avait confié la direction de ses armées était un homme énergique, et il avait commencé, avant la guerre, à éliminer, sans s'arrêter à des considérations de politique ou de religion, tous les chefs ou officiers qu'il ne jugeait pas capables de bien remplir leurs devoirs. De fait il releva ainsi de leurs fonctions, en temps de paix, cinq chefs très populaires qui, en plus, étaient de ses amis personnels. Cela, il le fit en dépit d'une forte opposition politique et mondaine. Mais le général Joffre aurait préféré renoncer à son commandement que de conserver dans l'armée des généraux qui, par favoritisme, auraient risqué de compromettre le salut du Pays. Il avait à cœur d'éviter les erreurs qui avaient coûté à la France l'Alsace et la Lorraine.

Néanmoins, soit par excès de prudence, soit par la difficulté qu'on a de juger à coup sûr du mérite d'un militaire en temps de paix, le général Joffre ne fut pas entièrement fortuné dans le choix de ses subordonnés. Trois d'entre eux qu'il avait investi de hauts commandements ne se montrèrent pas à la hauteur de sa confiance, non pas en matière d'honneur ainsi que l'ont prétendu les malveillants, ni même par manque de savoir, vu que ces hommes étaient des théoriciens de distinction, mais seulement dans la direction des troupes en présence de l'ennemi; en termes populaires, ces généraux perdirent la tête dans des moments difficiles, au milieu du désarroi critique du combat, et ainsi des erreurs dont l'importance ne peut être exagérée furent commises, — des fautes et des erreurs de jugement pour le rachat desquels il a fallu tous les efforts réunis de généraux vraiment capables.

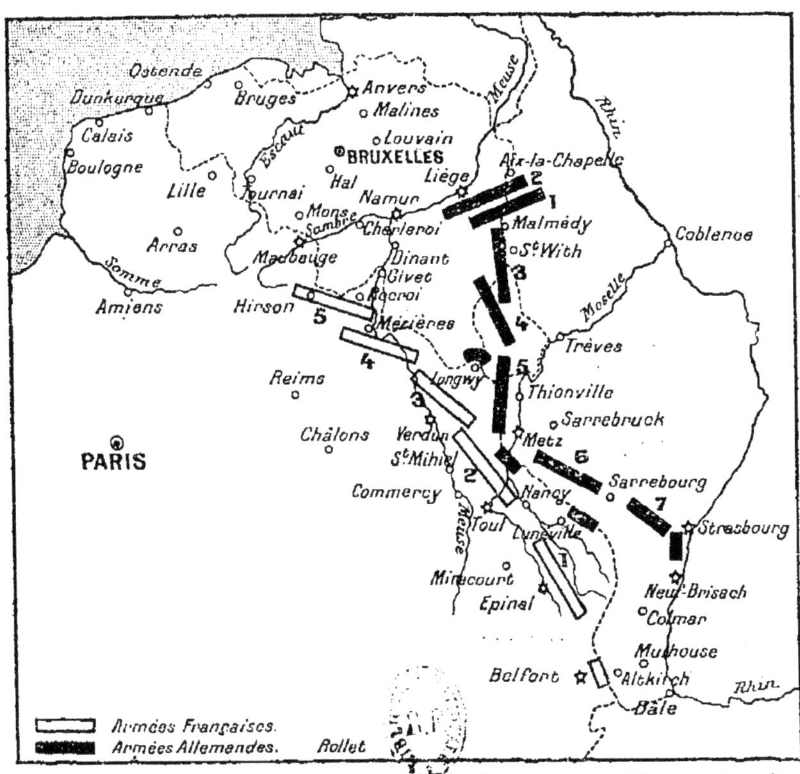

(Carte n° 2). — 1. Positions générales des armées Allemandes de l'Ouest le 5 août 1914.

2. Deuxième plan de concentration des premières cinq armées Françaises.

CHAPITRE III

LA PERPLEXITÉ DE L'ÉTAT-MAJOR FRANÇAIS A L'OUVERTURE DES HOSTILITÉS

La situation stratégique créée par l'entrée des Allemands en Belgique était compliquée ; et pendant un certain laps de temps l'état-major français ne sut que penser, ni à quoi s'attendre d'un ennemi si peu scrupuleux et qui en outre possédait l'initiative. Des rumeurs couraient en outre de l'occupation de Bâle par les Allemands. Certains corps étaient stationnés dans les environs le long de la rive droite du Rhin. Ils pouvaient traverser la Haute-Alsace et pousser une pointe sur Belfort, la forteresse la plus rapprochée de la frontière. On ne pouvait néanmoins se dissimuler que la menace dans le Nord était plus sérieuse, et deviendrait très dangereuse si les Allemands parvenaient à terroriser la Belgique et à traverser ce pays rapidement sans rencontrer d'opposition. Cependant leurs mouvements si loin au nord pouvaient avoir un but tout différent ; les Allemands pouvaient simplement désirer distraire l'attention des Français de leur ligne de défense de l'Est, cette ligne étant la véritable clef de la position. Cette explication paraissait la plus plausible, et plus tard elle se trouva confirmée.

Une attaque se préparait contre Nancy. Des corps de troupe considérables étaient massés au sud, à l'ouest, et à l'est de Metz, attendant le moment favorable. L'attaque ne devait se déclancher que lorsque les Français, pressés par les événements, auraient besoin d'une partie de leurs effectifs sur d'autres points, et auraient ainsi affaibli leurs lignes.

Mais l'état-major français n'était pas tenu de savoir cela, et il n'était pas possible à une période aussi prématurée des opérations, de deviner les intentions des Allemands. Les Français adoptèrent le plan le plus sûr, en se basant sur la supposition, on pourrait même dire la croyance, que les Allemands allaient immédiatement attaquer Nancy.

Pour ceux qui ne se rendraient pas compte de l'importance de la capitale de la Lorraine, ou plutôt des positions qui l'entourent, il est nécessaire d'expliquer que ces positions dénommées « Grand Couronné » commandent les approches de la forteresse de Toul. Cette forteresse est située à l'extrême nord de « la Trouée de Mirecourt » gardée au sud par la place forte d'Epinal ; cette Trouée, comme le nom l'indique, est un espace ouvert d'une longueur de 70 kilomètres, par où un ennemi assiégeant soit Toul, soit Epinal, peut facilement pénétrer à l'intérieur de la France. C'est là l'explication du motif de l'état-major français : une attaque contre le « Grand Couronné » qui amènerait l'occupation de Nancy par les Allemands, serait fatale à la concentration des armées françaises. Le camp de Chalons serait menacé et plus que probablement saisi par les Allemands, et toutes les armées françaises du nord auraient leurs communications coupées. On comprendra dès lors que les inquiétudes de l'état-major français dans les premiers jours du mois d'août étaient sérieuses.

Avant toute autre chose, il fallait consolider la position menacée ; et pendant que le travail de la mobilisation et de la concentration des principales armées se faisait, on devait tenter une diversion qui, si elle ne donnait aucun autre résultat, écarterait momentanément l'attaque des Allemands contre Nancy et aurait l'effet précieux de créer une certaine perturbation dans l'esprit de l'ennemi. Cette diversion fut préparée et exécutée avec une partie des effectifs déjà disponibles, mais entre temps, la situation dans le Nord prit un aspect différent et mieux défini.

Les Allemands étaient entrés en Belgique le

3 août, le même jour de leur attaque sur Longwy, et trois jours pleins après qu'ils eussent violé le territoire d'un autre Etat neutre ; et en conséquence l'état-major français s'était mis en devoir de modifier son premier plan de concentration ; cependant, jusqu'au 5 août et l'attaque de Liège, rien de nouveau n'eut lieu, sauf dans le domaine de la Diplomatie : les ouvertures de l'Allemagne au Gouvernement belge et les recours de la Belgique à l'Angleterre et à la France. Cet intervalle de deux jours marque une époque dans l'Histoire du Monde. En France, dès l'instant où l'on comprit que la guerre était inévitable, tous les regards s'étaient tournés vers la maîtresse des mers. Même quand la situation stratégique dans l'Europe Occidentale ne concernait que la France seule, le désir suprême des Français était de voir intervenir les Anglais ; d'une part, parce que ne désirant pas la guerre ils sentaient que l'intervention de l'Angleterre voudrait dire la Paix ; d'autre part pour des raisons sentimentales jointes à une croyance quasi-superstitieuse que si la guerre devait réellement éclater, le côté où serait l'Angleterre, vaincrait. Cette croyance n'était nullement fondée sur les ressources que l'Angleterre était capable de jeter dans la balance, ni sur l'excellence de l'armée britannique, en tant qu'unité tactique, cette armée n'avait pas encore fait ses preuves. Pour saisir la vraie

cause de ces sentiments, il faudrait analyser la nature complexe du caractère français, ou latin, qui est porté à rechercher l'approbation et l'encouragement de ses amis. Il serait ainsi inexact et par conséquent injuste de croire, que sans l'aide de l'Angleterre, la France aurait été conquise par les Allemands ; l'esprit et l'âme de la France, ainsi que le génie de ses chefs étaient tels, que les moyens de repousser et de vaincre l'envahisseur auraient été puisés dans le sein même de la Nation. Les Français, du plus grand au plus humble, avec calme et de propos délibéré, avaient résolu qu'il s'agissait de vaincre ou mourir. Mais — et c'est là le point capital... le sacrifice aurait été gigantesque, il aurait épuisé les ressources de la Nation ; on aurait nourri en France une rancune éternelle contre l'Angleterre, si celle-ci avait failli à son amie à l'heure du péril. L'appui de l'Angleterre, tout d'abord, paraissait douteux. La violation de la neutralité du Luxembourg avait eu lieu le 1er août. C'était un *casus belli* qui, pour le moins, indirectement concernait l'Angleterre. Le 2 août la France était attaquée tout le long de sa frontière. La déclaration de guerre fut formulée le jour suivant : ce jour-là, le 3 août, la violation de la neutralité belge s'accomplissait. Dans ce dernier cas le *casus belli* concernait l'Angleterre directement ; mais l'attitude de l'Angleterre resta impénétrable jusqu'au

5 août, mais fait notable et qui donne du poids à ce que nous avons annoncé plus haut, le peuple français qui dès lors pouvait conclure, comme l'avait fait l'état-major français, que pour des raisons techniques l'Angleterre resterait neutre, ne faiblit pas un instant.

Rien n'eût pu mieux démontrer leur confiance en eux-mêmes ; mais ç'eût été avec un poids sur le cœur qu'ils auraient fait face à l'ennemi ; tandis que lorsque vint enfin la déclaration de guerre de l'Angleterre à l'Allemagne, un grand élan d'enthousiasme traversa le pays. Avec leur rapidité de compréhension naturelle, les Français comprirent les motifs qui avaient fait hésiter l'Angleterre : la crise politique produite par la question irlandaise, le mouvement ouvrier, l'esprit de pacifisme qui avait pénétré jusque dans le sein du Ministère, et dont plus d'un membre était suspect de sympathies allemandes ; toutes ces difficultés étaient arrivées à leur période la plus aiguë, lorsque à travers l'Europe retentit la trompette de guerre. Aussi lorsque, quelques jours plus tard, pendant que les événements se déroulaient avec rapidité sur le théâtre des hostilités, le premier contingent anglais débarqua dans le nord de la France, on leur fit une réception dont jamais autres troupes ne connurent l'équivalent en terre étrangère ; et nous nous permettrons d'ajouter, qu'un tel accueil ne peut être fait que par un peuple vraiment grand. Ces « Tommies » d'Angleterre, bien équipés et alertes, dignes descendants des archers de Crécy et d'Azincourt furent admirés, fêtés, acclamés et gagnèrent tous les cœurs du peuple français.

La coopération de l'armée britannique étant devenue certaine, la principale tâche de l'état-major français était de coordonner tous les efforts stratégiques de la meilleure manière possible.

De nouveau le problème se trouvait quelque peu changé, il fallut donc apporter quelques modifications dans la concentration des armées, surtout de celles formant l'aile gauche, la 5e armée, et dans les formations qui devaient constituer plus tard la 6e armée. Bien que ces modifications n'affectaient pas la zone au delà d'Arras et Lille, la France se trouvait avoir une ligne de concentration trop étendue pour ses effectifs, en comparaison avec l'Allemagne.

L'isolement de quelques-unes de ses forces pouvait être funeste à la France comme en 1870. Il s'agissait de tirer parti, non seulement de la coopération britannique, mais encore de la coopération belge; et au-dessus de toute autre considération, l'état-major français ne devait pas perdre de vue un seul instant la ligne de défense de l'Est, qui constituait le vrai pivot de tout le système des opérations.

Telle était la situation exacte pour les Français le 5 août 1914, lorsque les Allemands attaquèrent Liège en Belgique, et que l'Angleterre eut présenté sa déclaration de guerre à l'Allemagne. A partir de ce moment les événements prirent une importance encore plus grande, l'enjeu ne se bornait plus à l'existence seule de la France, comme Etat indépendant; la lutte revêtait un caractère plus général, et le prestige, la richesse de l'Empire britannique, sa souveraineté des mers et sa dominatian sur les routes commerciales du monde, devaient frapper l'imagination à un plus fort degré que les efforts plus substantiels et plus coûteux des autres puissances belligérantes.

Mais en tout ce qui avait trait aux opérations en France et en Belgique le problème stratégique reposait entièrement sur un groupe d'hommes auquel jusque-là on n'avait guère pensé — l'état-major français — et particulièrement sur son chef, le généralissime Joffre qui, avant la guerre, avait vécu dans un effacement relatif, et dont le nom était totalement inconnu dans les pays étrangers.

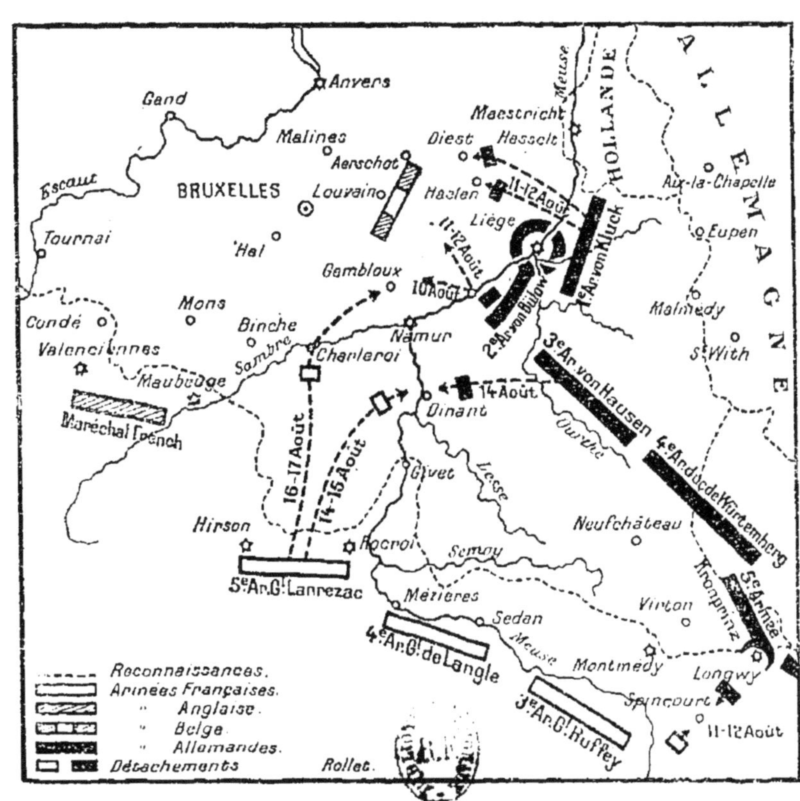

(Carte n° 3). — La situation en Belgique du 11 au 17 août 1914.

CHAPITRE IV

L'IMPORTANCE VÉRITABLE ET COMPLÈTEMENT MÉCONNUE DU SIÈGE DE LIÈGE

Aux yeux des Allemands, l'attaque et l'investissement de la place forte belge de Liège, devait avoir une valeur stratégique de la plus haute importance. Le siège de Liège prit rapidement une importance universelle, en conséquence de tout le bruit qui se fit autour de cet événement grâce à la résistance héroïque des Belges commandés par le général Leman ; néanmoins l'importance stratégique de cette opération n'a jamais été appréciée à sa juste valeur, et cela n'a rien de surprenant puisqu'il en a presque toujours été de même à l'ouverture d'une campagne, lorsque de toute nécessité les plans militaires et les intentions des belligérants doivent être tenus secrets ; ces plans et intentions, à vrai dire, restent le plus souvent enveloppés de mystère longtemps après une campagne et quelquefois même ce voile mystérieux les recouvre pour toujours.

Nous pourrions même faire remarquer que toutes ou presque toutes les controverses sur les opérations de guerre tournent autour des mouvements et des plans de l'entrée en campagne, qui ne se trouvent expliqués que bien rarement d'une manière satisfaisante. On est anxieux de savoir ce qui s'est passé ici, ou là, la raison de telle action, ou encore ce qui a motivé certaine inaction. D'une manière générale, la majorité du public qui ne voit pas le point de vue purement militaire d'un conflit se contente parfaitement d'une explication très simplifiée des événements qui l'amènent naturellement à une conclusion évidente et logique. Même si cette explication est absolument fausse, absurde même, en vue des événements qui en résultent, cette explication une fois qu'elle a été comreçue devient à la longue un de ces lieux-communs faciles et commodes acceptés par tous sans observation, dont les beaux orateurs s'emparent sans hésiter car ils s'épargnent ainsi la peine de réfléchir, penser ou d'étudier le fond même de leur sujet. Pour vous en rendre compte, demandez donc à un de ces grands stratèges en chambre : pourquoi les Allemands ont attaqué Liège le 5 août 1914 ? Il vous répondra certainement : « pour traverser la Belgique évidemment... » Ceci est la formule acceptée, le point de départ de la stratégie de la guerre, le dogme auquel on s'est cramponné dans cette campagne. Quatre-vingt-dix-neuf personnes sur cent sont convaincues que la stratégie allemande consistait à lancer ses armées à travers la Belgique, pour atteindre Paris par cette voie. En vérité, celui qui ose mettre cette théorie en doute — un plan de campagne qui avait été habilement publié par les auteurs allemands avant la guerre — risque la camisole de force à Charenton, ou s'expose pour le moins d'être compté parmi les gens sentencieux qui s'appliquent à contrecarrer toutes les opinions accréditées dans le public.

Mais si par hasard vous aviez noté avec soin les positions des corps d'armée et étudié les premiers mouvements stratégiques des armées allemandes en Belgique, examiné la relation qu'ils avaient avec les mouvements d'armées intentionnellement retenues autre part vous seriez porté alors à faire suivre votre première question de la suivante : « Pourquoi les Allemands n'ont-ils pas attaqué Namur en même temps que Liège ? » Puis à une autre question, encore plus explicite et plus claire : « Pourquoi les Allemands ont-ils attendu jusqu'au 20 août pour attaquer Namur ? c'est-à-dire deux semaines ? » Du coup, l'oracle est renversé, le stratège en chambre vous regardera ahuri, mentalement il verra passer sous ses yeux la carte qu'il a si souvent consultée depuis le commencement de la guerre et pour la première fois il vous répondra en hésitant : « Je ne sais pas ! »

Certes les dates et l'exacte position des corps d'armée sont des choses précises avec lesquelles il est difficile de jongler. La confusion subite de l'oracle est le commencement de la sagesse ! Le « je ne sais pas » de l'homme qui croyait tout savoir est une preuve positive que la théorie populaire, l'explication généralement acceptée du siège de Liège est erronée. Evidemment les Allemands ne s'acharnaient pas à Liège, comme on frappe à une porte que l'on veut briser, afin de se précipiter à travers la Belgique ; et la croyance en cette intention de la stratégie allemande au moment où les Belges rejetaient avec indignation l'ultimatum allemand n'a jamais été qu'un mythe accepté par le public.

Examinons simplement les faits. Le 2 août, pendant que quatre formidables armées allemandes se concentraient tout le long de la frontière belge et qu'une de ces armées pénétrait à travers le grand-duché du Luxembourg jusqu'à la frontière française, les propositions allemandes au sujet d'un libre passage, étaient à Bruxelles catégoriquement repoussées.

Le 3 août, un ultimatum définitif était présenté, et une armée allemande — la deuxième, sous le commandement du général von Bulow — pénétra en Belgique et le gouvernement belge lança son appel à l'Angleterre et à la France, et affirma en même temps sa résolution de défendre sa neutralité par la force des armes. En conséquence, lorsque le jour suivant, le 4 août, le commandant allemand en s'approchant de Liège fit parvenir au gouverneur de cette forteresse, comme il est d'usage à la guerre, une sommation de rendre la place, il savait déjà que le gouverneur belge, le général Leman, avait l'ordre de résister, et résisterait. Le même ordre devait être parvenu à l'autre place forte de la Meuse — Namur.

En résumé, les Allemands savaient parfaitement qu'ils rencontreraient de la résistance partout.

Il ne nous appartient pas ici de considérer la valeur spéculative de telle ou telle position aux yeux de l'état-major allemand pendant la résistance belge : mais ce qui nous intéresse énormément et qui est à nos yeux de la plus haute importance, c'est que cette résistance a modifié le problème stratégique original tel qu'il se présentait à l'état-major allemand avant le rejet par la Belgique des propositions allemandes ayant trait au libre passage de ses armées à travers le pays. En un mot, l'état-major allemand, stratégiquement, ne pouvait plus compter utiliser la Belgique simplement comme une porte ouverte à sa convenance.

Les opérations militaires des Allemands ne pouvaient plus commencer, comme ils l'avaient d'abord espéré, en dedans de la frontière française, mais très en dehors de cette frontière, en Belgique même. Le problème stratégique se trouvait modifié, et tout le plan de campagne devait être changé en conséquence de cette modification.

Il faut retenir que « cette alternative » avait été sérieusement étudiée par l'état-major général allemand, qui ne laissait rien au hasard et ne se laissait guider que par des raisons strictement militaires, sans jamais s'arrêter à des considérations d'ordre moral ou politique. Du reste des raisons d'ordre politique venaient encore appuyer la décision de l'état-major allemand; en effet c'est à ce moment, le jour même de la première attaque de Liège, que l'Angleterre lui déclara la guerre; — ce qui imposait un élargissement de la zone des possibilités stratégiques.

L'intention originale des Allemands n'était pas de jouer la grosse partie en Belgique, mais seulement un jeu très secondaire. Tout est changé maintenant, et soudainement il fut décidé que la Belgique serait le champ de bataille où se jouerait immédiatement le sort de la France.

La question de temps, plus que toute autre raison,

recommandait l'adoption de ce plan, parce que l'idée première de forcer le passage à travers toute la Belgique aurait pu être d'une exécution lente, au surplus rien n'empêchait d'y revenir plus tard si l'alternative plus avantageuse n'aboutissait pas.

Tout cependant faisait présager aux Allemands le prompt succès de cette alternative. L'esprit de la France, de ses armées, de ses chefs était jugé d'après les indications de 1870. L'état-major français cèderait à la pression des événements et de l'opinion publique qui l'obligerait à voler immédiatement au secours des Belges. Les Français, avec leur impatience et leur impétuosité traditionnelles, lanceraient leurs armées à travers la Belgique, où leur sort serait tout de suite réglé — car les Allemands les y attendaient, tout était paré pour leur réception. On ne peut s'expliquer autrement la longue attente des Allemands avant l'attaque de Namur, et l'inactivité relative de leurs armées du centre jusqu'au 20 août, c'est-à-dire bien longtemps après la prise de Liège. Ils voulaient prendre les Français au piège, en Belgique et peut-être bien les Anglais aussi. Ils étaient persuadés que les Français seraient prêts à lancer leurs troupes en Belgique, et qu'elles donneraient têtes baissées dans le filet qui leur était tendu; que pour ce faire les armées françaises de l'Est seraient réduites à tel point qu'elles seraient aisément écrasées. Le reste n'aurait plus été qu'un jeu d'enfant pour le colosse Teuton, et comme en 1870, la conquête de la France aurait été un fait accompli avant même l'arrivée sous les murs de Paris.

Ce serait une victoire colossale qui dès le début même de la campagne donnerait à l'Allemagne la suprématie en Europe occidentale; elle pourrait aussitôt après tourner ses armées triomphantes vers sa frontière orientale et disposer à son aise des armées moscovites.

On aurait tort de croire que la confiance des Allemands dans la préparation française n'était qu'imaginaire, et que la France n'était pas suffisamment préparée pour entreprendre une avance rapide en Belgique. L'offensive française en Alsace, qui partit de Belfort le jour même où les Allemands attaquaient Liège, prouve irréfutablement que cette préparation n'était pas imaginaire. Loin de croire que les Français n'étaient pas capables d'entrer en Belgique à une date aussi prématurée, les Allemands au contraire avaient tout fait pour inciter les Français à violer la neutralité de la Belgique avant qu'eux, les Allemands, ne le fissent.

L'opération de la mobilisation et la concentration des cinq premières armées françaises, malgré le changement de plan imposé à l'état-major français par l'invasion de la Belgique par les Allemands avait été terminée le 14 août, et peut-être même avant cette date.

L'état-major allemand était bien persuadé qu'à cette date, une armée française de quatre ou cinq corps d'armée, davantage peut-être, serait déjà bien près de Bruxelles ou de Liège.

De fait, il y eut de très bonne heure toutes sortes de nouvelles dans ce sens : « six soldats français étaient arrivés à Liège en automobile ».

« Un bon nombre d'officiers français avaient été vus à Bruxelles quelques jours après « », de la cavalerie française avait rejoint la cavalerie belge au sud de Huy, et aussi au nord de la Sambre, « » trente-deux trains remplis de troupes françaises étaient arrivés à Tournay, en route pour Bruxelles via Hal. »

Toutes ces rumeurs et beaucoup d'autres encore, avaient été répandues entre le 6 et le 12 août. Par qui? Avant de répondre à cette question avec quelque peu d'assurance, il faudrait examiner ces rapports sous le jour des développements qui les ont suivis, et il y aurait lieu de pénétrer assez profondément dans la stratégie de Joffre en Belgique en août 1914, ce que nous ne manquerons pas de faire au moment opportun. Qu'il nous suffise de dire que, qui que ce fût, celui qui a répandu ces rumeurs avait assez bien deviné les intentions des Allemands et devait avoir mieux que des sympathies pour le salut de la Belgique et pour le succès des armes françaises.

Il n'y a pas l'ombre d'un doute que les Allemands ont ajouté foi à ces rapports. Leurs nombreuses reconnaissances à l'ouest de la Meuse, dès qu'ils furent maîtres des passages de cette rivière, l'indiquent suffisamment. Leur expédition, le 14 août à Dinant, le démontre. Leurs positions soigneusement fortifiées dans les Ardennes le confirment. Et s'ils ont lancé des bombes sur Namur le 14 août, c'est qu'ils croyaient la ville remplie de troupes françaises. Par-dessus tout, l'inactivité prolongée des armées allemandes au sud de Liège du 5 au 20 août, c'est-à-dire pendant plus de quinze jours, constitue un témoignage évident à l'extrême, et ne peut laisser subsister aucun doute à ce sujet. Ces armées, sous le commandement du général von Hausen, du grand-duc de Wurtemberg, et du Kronprinz représentaient une force de quinze corps d'armée sans compter les gardes prussiennes, et plusieurs divisions de cavalerie; et à l'exception du siège de la petite forteresse française de Longwy qui avait commencé le 3 août, d'une reconnaissance en force dans la direction de Verdun le 10 août et d'une autre à Dinant le 14 août, ces énormes effectifs, qui s'élevaient à près d'un million d'hommes, sont demeurés inactifs pendant une période de deux semaines, laissant ainsi aux Français le temps de réunir leurs forces et d'augmenter leurs moyens.

Qu'est-ce qui pouvait les empêcher d'avancer? Ce n'est certainement pas la résistance de Liège, puisque cette place ne fut attaquée que par la 2e armée sous les ordres du général von Bulow, la 1re armée, sous les ordres de von Kluck, étant restée dans l'inaction derrière elle. Ce n'est pas non plus la première offensive en Alsace laquelle avait été repoussée; ce n'est pas non plus l'avance des Français en Lorraine qui suivit, et contre laquelle les Allemands disposaient de forces plus que suffisantes. Non. Ce ne fut pour aucune de ces raisons.

La seule et véritable raison de cette inaction, c'est que les Allemands attendaient les Français en Belgique. Leur plan était de les y attirer et de leur infliger un désastre épouvantable et de procéder ensuite à la tâche plus aisée de les battre en détail et de les achever sur d'autres points.

La barrière française de l'Est serait percée; et c'est à l'armée du Kronprinz que reviendrait l'honneur de marcher sur Paris en passant par Reims. C'était là le plan primitif de l'état-major allemand; et c'est pour ce motif que le Kronprinz fut placé au centre et non à l'extrémité de l'aile droite.

C'est uniquement par suite de circonstances imprévues que l'état-major allemand fut amené graduellement à modifier son plan de campagne, et le but stratégique de ses armées.

Nous allons maintenant traiter des événements dans leur ordre strictement chronologique.

CHAPITRE V

DU DESSEIN RÉEL DES ALLEMANDS AU SIÈGE DE LIÈGE, ET DE LEURS HÉSITATIONS EN BELGIQUE

C'est le 4 août que les colonnes allemandes qui avançaient dans le nord de la Belgique par les routes de Verviers, Hervé et Visé prirent le contact avec les troupes belges.

Leur avance fut lente, à cause des difficultés accumulées par les Belges sur leur chemin, barricades, arbres abattus, lignes ferrées détruites, et autres obstacles de cette nature. Les envahisseurs purent ainsi se rendre compte immédiatement du caractère de la résistance que les Belges leur offriraient.

La première attaque de Liège commença dans la soirée du 5 août, après que le général Léman eut rejeté les sommations du général allemand, von Emmich commandant du 10e corps de la 2e armée allemande, qui était chargé de la direction des opérations pour la réduction de la forteresse. Von Emmich, dans son attaque, suivit le principe de la concentration sur un secteur, ce qui prouve qu'il ne comptait pas sur la reddition immédiate des défenseurs ; car si les Allemands avaient pensé pouvoir intimider les Belges et emporter la place d'assaut, ils auraient tout de suite fait un plus grand déploiement de forces.

Le secteur Nord-Est fut attaqué en premier lieu, l'infanterie allemande essayant de prendre pied dans les intervalles entre les forts. Si ce mouvement avait réussi, il leur aurait permis d'y porter leur artillerie et de diriger ses feux, simultanément, sur tous les côtés des forts. Les Belges avaient sérieusement préparé le terrain dans ces intervalles. Ils s'y battirent bien, et leur tir, de même que leurs contre-attaques, firent impression. Les Allemands subirent de grandes pertes et se retirèrent en désordre dans leurs positions originales. C'est après cet échec que les Allemands portèrent leur attention sur le secteur Sud-Est des fortifications. Cette opération eut lieu au petit jour. Elle ne fut pas aussi favorable aux Belges que la première. Les Allemands réussirent non seulement à prendre pied entre les forts, mais même à pénétrer dans la ville et ils se rendirent ainsi maîtres des passages sur la Meuse.

De fait, les Allemands occupèrent Liège le 6 août.

Le jour suivant ils étaient en complète possession des passages de la Meuse à Visé et à Huy. Le général Léman ayant ramené d'Huy une brigade pour la défense des forts du secteur Sud-Est, les Allemands purent ainsi occuper Huy sans coup férir.

Le siège en règle des forts de Liège commença le 7 août. La plupart des forts résistèrent bien, si l'on considère le nombre et le calibre des pièces braquées sur eux.

Mais en attendant leur réduction complète, rien n'empêchait les Allemands de franchir la Meuse en masses, ce qui était leur objet primordial.

Ici nous tenons à appuyer sur le fait que, dès ce moment-là, c'est-à-dire, au plus tard, le 9 du mois d'août, la marche des Allemands sur Bruxelles aurait pu commencer.

Il n'y avait pas de troupes belges à l'est de la Meuse, et l'armée belge, comme l'armée française, avait à peine commencé sa concentration. En trois jours au plus, en tenant compte de toutes les difficultés, deux corps d'armée allemands auraient pu atteindre la capitale belge. Ils n'en firent rien. — Pourquoi? — Parce que les stratèges allemands en avaient décidé autrement. Cependant on laissa croire aux Alliés que les Allemands faisaient tous leurs efforts pour arriver à Bruxelles, mais qu'à chaque nouvelle tentative ils étaient repoussés par un nombre extraordinairement inférieur de Belges héroïques.

Les engagements à Eghezée, Haelen, Diest et Hasselt, les 11 et 12 août, qui ne furent de la part des Allemands que de simples reconnaissances, furent représentés comme de sérieuses batailles. — Cela n'a rien d'étonnant, car une reconnaissance dans la grande guerre moderne peut facilement donner lieu à semblable illusion. Dans les campagnes du passé, une opération de cette nature était effectuée par un très petit détachement de troupes, quelques compagnies et escadrons accompagnés peut-être de quelques canons légers. De nos jours, dans une guerre où les effectifs se chiffrent par millions, l'opération n'est pas plus importante en réalité, mais à la place de compagnies, ce sont des bataillons ; des régiments entiers de cavalerie tiennent lieu d'escadrons ; et l'unité, qui peut compter de 5.000 à 6.000 hommes, est accompagnée d'un nombre important de mitrailleuses, automobiles blindées, compagnies de cyclistes, aéroplanes, etc. De sorte que par ses éléments, une reconnaissance constitue une vraie petite armée et si l'opération doit s'étendre sur un front considérable, ce qui est le cas, grâce à la mobilité des diverses unités, cela donne l'impression d'une armée nombreuse en marche. Considérées sous leur vrai jour, les « batailles » des 11 et 12 août, à l'ouest de la Meuse, ne furent que des escarmouches, ou tout au plus des attaques exécutées par les

Allemands dans le but de découvrir positivement quel était le point principal de concentration de l'armée belge. C'eût été là un renseignement des plus précieux, qui aurait influé sur les dispositions suivantes de la stratégie allemande dans le nord de la Belgique.

Ces attaques avaient aussi un autre but, tout aussi important, mais nous allons exposer en premier lieu la question de la concentration de l'armée belge. Cette concentration avait été exécutée conformément à un plan préconçu, qui se basait sur la puissance de la forteresse d'Anvers.

Les Allemands connaissaient parfaitement ce plan, grâce à l'excellence de leur service secret. La Belgique n'avait que trois forteresses ; et la plus forte était celle d'Anvers, qui renfermait un immense arsenal dont les ressources énormes pouvaient encore être augmentées grâce à son port de mer. Dans les conseils du gouvernement belge avant la guerre, il avait toujours été admis en principe, et c'était même devenu un axiome, que, quoi qu'il arrivât, la Belgique ne devait pas abandonner Anvers, si ce n'est à la dernière extrémité. C'est ainsi qu'on avait mis de côté les principes de la plus saine stratégie basés sur la coopération absolue — dans le sens militaire du mot — avec les armées alliées. Le point de concentration avait été choisi *pour la défensive*, près d'Anvers, au lieu d'avoir pour motif *l'offensive*, et dans ce cas, le point de concentration aurait dû être choisi près de la frontière française, ce qui à la longue aurait été plus avantageux. Le plan avait été dressé apparemment avec l'approbation de l'état-major français; mais si l'on tient compte de la tendance de l'école de guerre française moderne à n'attacher que peu de valeur aux forteresses, en tant que forteresses, on est convaincu que la stratégie belge, dans les premières étapes de la guerre ne fut que peu, ou même pas du tout, influencée par l'état-major français. Sans cela Joffre aurait pu s'aventurer en Belgique plus tôt et adopter une alternative s'adaptant mieux au plan de défense belge. Nous verrons plus loin quelle était cette alternative.

Voyons maintenant ce qu'était le second objectif des reconnaissances allemandes au nord de la Meuse les 11 et 12 août.

Les fausses nouvelles déjà citées au sujet de l'irruption des Français en Belgique — où ils étaient attendus et tant espérés — donna aux Allemands l'impression que depuis le 9 ou le 10 août, des troupes françaises devaient être en route pour Bruxelles. On savait, et c'est un fait, que de la cavalerie française avait franchi la frontière belge le 6 août, et qu'une escarmouche avait eu lieu quelque part à l'entrée de la forêt des Ardennes.

Les Allemands, en conséquence, voulaient vérifier l'exactitude des rapports au sujet de la présence des Français, en force, en Belgique ; car la censure militaire française était si stricte, qu'un ou deux corps d'armée français et même davantage auraient pu être concentrés en Belgique à côté de l'armée belge, sans que les Allemands en fussent informés.

Cette façon de procéder, si elle avait été adoptée par les Français, ainsi que nous l'avons déjà dit, aurait été à la convenance des stratèges allemands, puisqu'ils s'y attendaient et l'espéraient ; et ceux-ci étaient fermement convaincus que cette concentration était en train de se faire, mais ils étaient obligés de s'en assurer avant de prendre des mesures qui sans cela risquaient d'avorter. C'est surtout dans ce but, pour s'assurer que les Français, en force, étaient bien en Belgique, que les chefs allemands couvrirent une si grande étendue de pays de leurs reconnaissances. Le résultat fut décourageant et quelque peu déconcertant ; aucune troupe française ne fut rencontrée au nord de la Sambre. Alors, mais alors seulement, l'état-major allemand commença à douter si réellement des troupes françaises, en nombre important, se trouvaient en Belgique. Cela leur paraissait peu probable, précisément à cause du point de concentration de l'armée belge qui avait été choisi si loin dans le nord. La résistance belge la plus forte se faisait sentir dans la direction de Aershot et de Louvain. Au sud, il n'y avait que peu de troupes. A coup sûr les Belges ne seraient pas laissés isolés par leurs alliés les Français ! Serait-ce plutôt que l'armée anglaise, qui débarquait déjà en Belgique, viendrait occuper l'espace entre Bruxelles et la frontière française ? Des rumeurs à cet effet étaient aussi en circulation.

Il vint soudain à l'idée de l'état-major allemand que somme toute, des troupes françaises en nombre pouvaient bien avoir pénétré en Belgique, sans que nécessairement elles eussent déjà atteint Bruxelles, ni même franchi la Sambre. Alors une autre reconnaissance en forces fut entreprise le 13 et le 14 août, dans la direction de Dinant. Cette fois des troupes françaises furent rencontrées. Trois bataillons de « Jägers » s'emparèrent de la ville de Dinant malgré une très vive résistance. Le jour suivant des forces françaises importantes, avec de l'artillerie de campagne, firent une contre-attaque et reprirent la ville. Jugeant par la vigueur de cette attaque et surtout par le nombre de batteries de campagne employées par les Français (les Allemands n'avaient que des mitrailleuses), les Allemands furent persuadés que l'offensive générale des Français en Belgique avait commencé. *Et le grand état-major allemand adapta son plan en conséquence.*

Avant d'entrer plus loin dans l'examen des événements qui se déroulèrent sur le sol de la Belgique et pour ne pas perdre le fil et la suite chronologique des faits qui se succèdent sur tout le front des opérations, nous devons commencer par un des premiers mouvements du général Joffre, mouvement qui met en évidence le vrai caractère de sa méthode.

CHAPITRE VI

LA PREMIÈRE OFFENSIVE FRANÇAISE EN ALSACE, ET SA VÉRITABLE PORTÉE STRATÉGIQUE

Le premier mouvement important du côté des Français fut l'offensive en Alsace. Au début de cette guerre, le peuple français courut le risque de deux graves dangers sentimentaux — le désir passionné de reprendre les provinces perdues, l'Alsace et la Lorraine, et l'immense sympathie pour la Belgique.

Il fallait à celui qui était appelé à diriger les opérations françaises une volonté inébranlable, une résolution à toute épreuve pour résister à ces deux dangers. Si l'on se souvient à quel point l'héroïsme de la Belgique et la passion pour l'Alsace et la Lorraine empoignèrent le peuple entier, alors on se rend compte jusqu'à quel degré serait critiquée par la Nation, toute action du haut commandement qui semblerait négliger la délivrance immédiate de l'un ou de l'autre de ces deux berceaux de l'imagination populaire.

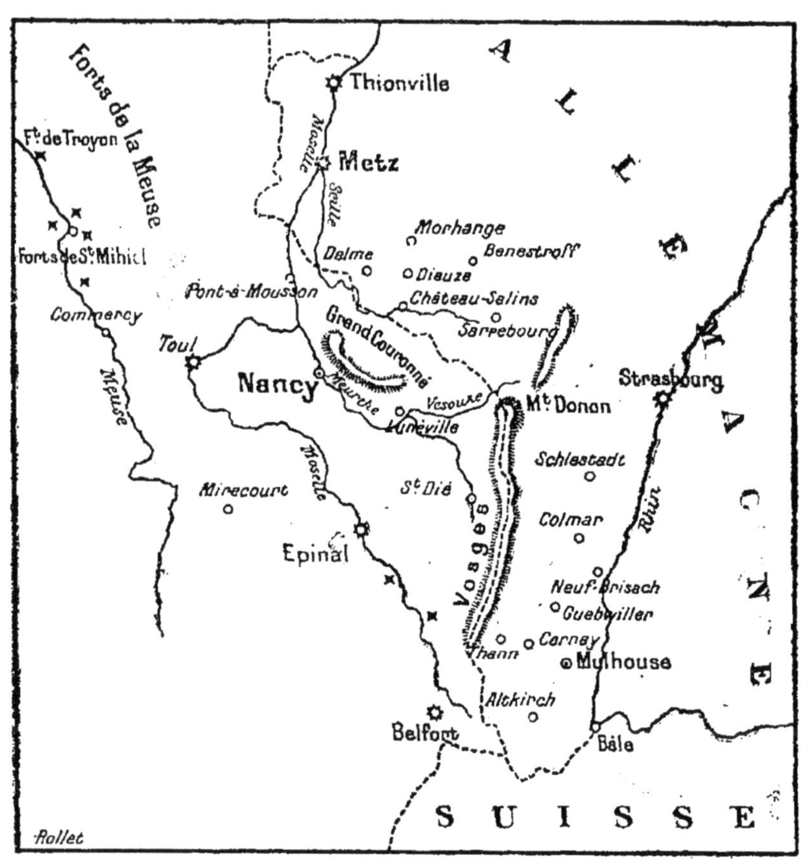

(Carte n° 4). — Plan pour indiquer la position du « Grand Couronné de Nancy » et la Trouée de Mirecourt.

L'état-major allemand l'avait bien compris et comptait là-dessus. C'est pour avoir sacrifié la valeur stratégique à leurs sentiments que les Français en 1870 perdirent la guerre. Et ce péril sentimental était, aujourd'hui, plus puissant qu'il n'avait jamais été.

Les motifs stratégiques des premières opérations françaises en Alsace, ainsi que leur grande portée morale, n'ont pas encore été parfaitement compris. Il faut se souvenir que cette première offensive française est partie de Belfort *le jour même de la première attaque de Liège par les Allemands*. Elle avait été conçue et préparée bien avant l'entrée des Allemands en Belgique, et par conséquent, à l'origine, elle n'avait pas pour objet de créer une diversion au mouvement allemand contre Liège. L'offensive française avait un but bien autrement essentiel.

Dans les premiers jours de la guerre, la situation pour l'état-major français était des plus délicate : il fallait prévenir une attaque allemande contre Nancy, alors que la mobilisation française était à peine commencée.

Les positions françaises appelées « Grand Couronné » étaient sans doute très fortes, car elles avaient été soigneusement préparées depuis l'année précédente, grâce au général Joffre, qui en sa qualité de chef du conseil supérieur de la guerre, avait décidé, en dépit des experts, de baser tous les plans futurs de concentration sur l'assurance que les positions autour de Nancy pourraient être tenues contre toute attaque.

Advint-il qu'au moment d'entrer en campagne, le général Joffre ne fut plus aussi confiant ? — Quel que fût son sentiment les événements se chargèrent de prouver que semblable inquiétude n'aurait pas été sans cause.

C'est sous ce jour qu'il faut considérer la première offensive française en Alsace.

A ce moment-là, Joffre n'avait pas encore fait ses preuves, et sa haute valeur ne pouvait pas être justement estimée.

Nombreux furent ceux qui, sachant faire la guerre mieux que ce grand et incomparable chef, critiquèrent violemment ses premières opérations. Ils déclarèrent qu'il aurait mieux valu laisser l'Alsace tranquille, qu'il eût été préférable pour les Français de faire taire leurs sentiments pour les « Provinces perdues » ; que le champ décisif de la guerre était en Belgique, que ce ne serait qu'en Belgique que l'Alsace-Lorraine pourrait être reconquise. On se gardait bien d'aborder le côté militaire du problème. Personne ne semblait voir le danger immédiat qui menaçait toute la concentration française ; on ne se rendait nullement compte que le sort de la Belgique, celui de la France elle-même, et des opérations de tous les Alliés dépendait entièrement de la sécurité absolue de la ligne française de défense de l'Est.

Lorsqu'un général tel que Joffre entreprend un mouvement, c'est qu'il a tout pesé, tout examiné, c'est qu'il a tout prévu, même *l'échec possible de ce mouvement,* — même, il prend des précautions en vue d'une déconvenue possible.

Entre les mains d'un tel chef, un pays est en sécurité ; et s'il est soutenu par la Nation, bien secondé par ses subordonnés, il ne pourra qu'accomplir de grandes choses.

On peut affirmer sans hésiter que le général Joffre est entré en campagne en prenant pour hypothèse que tous ses premiers mouvements pouvaient échouer ; et c'est pour cela même qu'il eut toujours à sa portée des réserves suffisantes pour rétablir l'équilibre et mener les envahisseurs à leur perte sur la Marne. Tous les mouvements qu'il entreprit devraient, autant que possible, être examinés sous le jour de l'intention qui leur donnèrent naissance. C'est ainsi que sa première offensive en Alsace fut sans contredit, au point de vue stratégique, un coup admirable qui a, en quelque sorte, décidé de toute la campagne ; et, pourtant au moment où elle eut lieu, personne et encore moins les Allemands ne s'en doutèrent, peut-être ne s'en doutent-ils pas encore.

L'exaltation morale que cette offensive donna aux troupes françaises et la réorganisation tactique que les Allemands durent entreprendre en conséquence, furent les très importants avantages immédiats qui en découlèrent, sans mentionner que les Allemands durent remettre à plus tard leur attaque sur Nancy ; une attaque qui, si elle avait eu lieu plus tôt, aurait été fatale à la France, et sans doute également aux Alliés.

C'est ainsi qu'une opération qui en elle-même n'avait que peu d'importance, et qui échoua *matériellement* (ou dans le sens tactique), n'en eut pas moins toute la valeur et les sérieuses conséquences d'une victoire décisive pour les Français, dans le sens stratégique.

Voyons un peu comment cela s'est passé, et pourquoi ce fut un triomphe au point de vue *stratégique*, alors que l'affaire échoua dans son exécution *tactique*. Il sera très intéressant aussi de la comparer avec le succès tactique français un peu plus tard à Mulhouse qui resta sans résultat. Nous reviendrons à ceci un peu plus loin.

Il faut bien se pénétrer de l'idée qu'à cette période de la guerre, à l'ouverture des hostilités, l'offensive en Alsace n'avait qu'un but, celui de prévenir l'attaque allemande en Lorraine, et pour le général Joffre, c'était la seule chose à faire.

Le point de départ des colonnes était le point

de concentration le plus proche de la frontière allemande ; et c'était en même temps le centre le plus facilement et le plus rapidement rallié par son contingent d'hommes mobilisés, car Belfort est à l'extrémité de la frontière franco-allemande et ne fut pas affecté par le changement du plan général de concentration qui suivit l'invasion de la Belgique par les Allemands. On peut ajouter que, même si le général Joffre n'avait été qu'un chef très quelconque, c'était la chose la plus naturelle et la plus évidente qu'il devait faire. Ce qui est vraiment étonnant, c'est que les Allemands, qui étaient parfaitement informés des dispositions et des ressources de leurs adversaires, et qui avaient sous les yeux une carte militaire de la France, ne s'attendaient à rien de pareil, et furent pris entièrement au dépourvu. Cela dénote de leur part la certitude qu'ils avaient d'avoir détourné l'attention de l'état-major français vers le Nord, et démontre aussi à quel point ils fixaient leur propre attention sur la partie centrale de la barrière des forteresses françaises. La concentration de leurs forces dans cette région le démontre également. Ils avaient plusieurs corps d'armée dans la région de Metz, plusieurs autres dans Strasbourg et les environs ; tandis qu'un léger rideau de troupes couvrait les Vosges et la Haute-Alsace. Il est vrai que des forces plus considérables se réunissaient le long de la rive droite du Rhin, près de Bâle, mais il ne s'agissait là que d'éléments mobilisés dans l'Allemagne du Sud et se dirigeant sur Strasbourg ou Metz, en passant par Neuf-Brisach et Schlestadt. Il s'offrait ainsi une autre occasion de frapper un coup rapide et vigoureux.

Dès l'ouverture des hostilités, les aviateurs français s'étaient mis en campagne, et ils avaient signalé la faiblesse relative des effectifs allemands dans la Haute-Alsace. Joffre décida de couper ces effectifs ennemis, de se rendre maître des ponts du Rhin si possible, et de retenir dans cette région les troupes allemandes qui se dirigeaient vers le nord et qui étaient destinées à augmenter les forces ennemies en face de Nancy.

Si l'entreprise réussissait, ou même si elle avortait, elle aurait quand même l'avantage d'affaiblir sensiblement le centre allemand, qui était extrêmement fort, surtout dans la région de Metz.

On sait ce qui se passa.

Les Français franchirent la frontière le 7 août ; ils surprirent les Allemands à Altkirch, les mirent en déroute et entrèrent en triomphe à Mulhouse sur les talons des ennemis en fuite. La France commenca par accueillir cet événement avec trop d'enthousiasme, puis fut ensuite beaucoup trop déprimée par le résultat de la riposte allemande. Le changement d'humeur qui s'opéra parmi les

Alliés et provoqua la tempête des plus sévères critiques provint de l'habitude peu militaire que l'on a de juger une manœuvre ou une bataille par le résultat matériel immédiat et local. Les Français avaient avancé et ils avaient été immédiatement repoussés ; il sembla qu'ils avaient gaspillé inutilement des forces qui auraient pu être employées plus utilement en Belgique.

Conformément aux prévisions et aux plus chers espoirs des Allemands, l'attention du monde entier était rivée sur les infortunés Belges, mais la plus cruelle injustice infligée aux Français par les savants critiques fut l'oubli qu'au moment même de l'offensive en Alsace *la France se trouvait encore en pleine mobilisation*, qu'elle n'en était pas encore à la moitié de son travail préparatoire, et que sa ligne de concentration au nord était fort éloignée du point où les Allemands étaient en contact avec les forces belges. Au surplus le monde, à ce moment-là, n'avait pas encore compris que les Allemands attendaient et *espéraient* une avance précipitée et prématurée des Français en Belgique, et qu'ils y avaient tout préparé pour leur infliger une défaite écrasante.

La manœuvre française en Alsace échoua matériellement et localement pour deux raisons :

En premier lieu, l'impétuosité excessive des

troupes françaises ; impétuosité partagée par leurs officiers, qui furent enthousiasmés par le fait qu'ils avaient enfin franchi la frontière et foulé sous leurs pieds le sol de leur province chérie. Ils attaquèrent ou plutôt se jetèrent à corps perdu sur les retranchements allemands à Altkirch. Une autre colonne française avait pour mission, en passant par Thann, de couper la retraite aux Allemands à Altkirch. Les Français ayant déclanché trop tôt leur attaque de front, l'ennemi eut le temps de se tirer de sa position critique. La retraite allemande fut encore favorisée par l'intervention propice d'un autre détachement allemand qui, débouchant rapidement de la forêt du Hardt, attaqua de flanc les Français qui marchaient sur Mulhouse. Les troupes allemandes cantonnées dans la ville même, accoururent et prirent part au combat acharné qui s'engagea à l'ouest de Mulhouse ; et, soutenu de la sorte, le gros des forces allemandes put battre en retraite en bon ordre. La tactique des Allemands fut admirable, et si celle des Français avait été égale, les armes du Kaiser auraient eu dès les débuts de la campagne à déplorer un sérieux désastre. Toutefois, lorsque les Français furent maîtres de Mulhouse, ils auraient encore eu la possibilité de remporter une victoire importante, si l'officier qui commandait (un général bien coté), avait mieux compris la situation.

Ceci nous mène à la seconde raison de l'échec (dans le sens tactique) de la première offensive française en Alsace.

Le chef en question ne rassembla pas immédiatement ses forces comme il aurait dû le faire, et ne prit pas les précautions indiquées en vue d'une riposte allemande qu'il devait prévoir. Bien servis par leurs espions, les Allemands n'attendirent pas ; ils frappèrent vite ; des troupes arrivèrent de Neuf-Brisach dans la nuit ; d'autres traversèrent le Rhin ; et ce fut miracle que la division française qui entra à Mulhouse ne fut pas complètement cernée.

Le général français, même à ce moment-là, pendant qu'il résistait avec le gros de ses troupes sur les hauteurs au sud de la ville avait encore le temps de porter en avant les forces qu'il avait laissées à Altkirch, et d'exécuter une attaque de flanc contre les Allemands à Cernay. Si l'on considère l'aisance avec laquelle les troupes françaises résistèrent et surent conserver leurs positions sous la pression de forces numériquement supérieures, et les pertes sérieuses que les Allemands subirent à Cernay principalement, on ne peut douter un seul instant que la victoire des Français aurait été assurée, si les réserves laissées à Altkirch avaient été amenées à temps. L'occasion fut manquée, et les Français se retirèrent ; dans ces circonstances et en vue des forces croissantes de l'ennemi, c'était le parti le plus sage.

C'est ainsi que se déroula, dans ses principales phases tactiques, la première bataille de Mulhouse; ce fut une opération comportant une série d'engagements au cours desquels les Allemands éprouvèrent pour la première fois la morsure des canons de campagne français, et la piqûre de leurs charges à la baïonnette. Si les Allemands purent proclamer une victoire, et quelques prises, leurs pertes pour une affaire de cette nature furent très élevées. Au village de Cernay seulement et aux environs, on enterra huit cents des leurs morts. Au point de vue stratégique, l'opération en elle-même eut pour les Français le résultat désiré ; et par conséquent, c'était un succès. L'état-major allemand, surpris et désorienté, conclut que les Français devaient être beaucoup plus avancés dans leurs préparatifs pour les opérations d'offensive qu'ils ne l'étaient en réalité; et persista à ramener du Nord des troupes, qui s'amassèrent en Haute-Alsace, au détriment du centre allemand, *et c'est ainsi que fut retardée l'attaque projetée sur Nancy.* Les mouvements de ces contingents furent facilement observés par les aviateurs français qui, dans les premiers jours de la guerre, se montrèrent plus actifs que leurs collègues ennemis; en sorte que, sans trop d'inquiétude, le général Joffre put poursuivre et mener à bien la concentration de ses armées. On peut donc déclarer avec justesse que, même pour ce seul motif, s'il n'y en avait pas d'autre, la première offensive française en Alsace doit être considérée comme une des opérations décisives de la guerre.

Au surplus, la retraite prudente de l'Alsace, nous montre le vrai caractère de la méthode du général Joffre, qui était fermement décidé à ne pas céder aux sentiments patriotiques, et à donner toujours la priorité aux considérations stratégiques.

Il ressort de tout ce qui précède que les Allemands comptèrent trop sur le vif transport des Français pour les Belges, qui aurait pu éloigner les légions françaises de leur frontière de l'Est, pour les faire tomber dans le piège qui leur était tendu en Belgique.

D'autre part, connaissant l'attirance qu'exerce l'Alsace sur le cœur des Français, il parut évident à ce moment-là que ce sentiment venait de leur jouer un mauvais tour, et voulant l'exploiter jusqu'au bout les Allemands se laissèrent entraîner à faire précisément ce que Joffre voulait qu'ils fissent.

CHAPITRE VII

LES FRANÇAIS ÉVITENT LE PIÈGE ALLEMAND EN BELGIQUE ; ET PAR CONTRE Y TENDENT UN PIÈGE AUX ALLEMANDS.

LES FRANÇAIS FONT UNE SECONDE EXPÉDITION EN ALSACE ET REMPORTENT A MULHOUSE UNE GRANDE VICTOIRE TACTIQUE, QUI AU SENS STRATÉGIQUE RESTE SANS VALEUR.

La concentration des cinq premières armées françaises fut complétée le 14 août ; et cette date marque le commencement des opérations militaires sur une grande échelle.

Le théâtre occidental de la guerre se divisait en deux zones d'action principales. La première s'étendait en Belgique et dans le nord de la France ; la seconde allait de l'Alsace-Lorraine à la région de la Wœvre. Les opérations dans chacune de ces zones prirent rapidement un développement si considérable, qu'il est malaisé de les suivre en même temps si l'on veut présenter une relation claire et compréhensible de leur ensemble, bien que toutes ces opérations furent stratégiquement liées entre elles. Pour tourner la difficulté, et donner plus de clarté à l'exposition des faits, il sera donc nécessaire de nous occuper de chacune de ces zones, à tour de rôle, séparément; néanmoins si nous sommes obligés d'examiner la marche de ces opérations les unes après les autres, il faut bien se garder de les considérer comme appartenant à des périodes de temps différentes.

Pour bien saisir les grandes lignes de la campagne, il est essentiel de ne jamais perdre de vue qu'il s'agit d'une campagne unique, dont tous les détails se rapportaient à un même ensemble.

Les effectifs gigantesques mis en présence prirent part dans ce que nous pourrions appeler une grande bataille, semblable aux batailles des temps passés, mais ici nous avons des divisions au lieu de bataillons, et il s'ensuit que pour exécuter certains mouvements, il a fallu des semaines là où, dans les campagnes du passé, ces mouvements n'auraient pris qu'autant de jours, ou même d'heures.

Il est indispensable de bien se pénétrer de cette différence de proportions, si l'on veut avoir une vision nette et précise de la campagne dans son ensemble. Nous saisirons toute l'importance de ces observations lorsqu'on verra la campagne se développer dans toute son intensité à la Marne. Pour donner un exemple, il faut se rendre compte que dans une bataille du temps de Napoléon, les troupes engagées dans un mouvement se trouvaient exténuées par douze heures de combat ; aujourd'hui, dans des affaires de beaucoup plus d'étendue, nous devons songer qu'il faut une semaine de lutte continuelle pour exécuter un mouvement correspondant, et nous en arrivons par là à élargir les limites de l'endurance humaine.

Jusqu'à présent, on a été accoutumé à suivre cette grande guerre par la lecture de récits détachés et sans suite qui commencent par la relation des hauts faits qui, après Liège héroïque, eurent pour théâtre les plaines de la Belgique et la frontière du nord de la France — et tout cela, sans le moindre souci des dates et de l'ordre chronologique, sans aucune considération pour la vraie stratégie de la campagne.

Cette manière de raconter la guerre explique suffisamment la confusion extrême qui existe dans les idées du public, et même dans l'esprit de ceux qui, en toute sincérité, se sont efforcés par des conférences et des articles de journaux, à éclairer le monde sur la portée véritable des grands événements auxquels nous assistons. A côté de l'impression dramatique qu'exerça sur le public l'irruption des Allemands en France par la Belgique ; à côté même de l'ignorance navrante des journalistes qui les rendait aveugles à toute vision stratégique, et ne leur laissait découvrir de la guerre que les choses trop évidentes, il y avait aussi, comme nous l'avons déjà dit, toute une série compliquée de choses qui tendaient à embrouiller la situation ; les sentiments de la Nation pour la Belgique et les provinces perdues; la publication, par des officiers prussiens de haut rang, d'ouvrages nombreux traitant avec la plus méprisante désinvolture de la stratégie qui devait assurer la conquête de la France et dévoilant avec force détails leur plan qui comprenait généralement le passage par la Belgique, plan que des journalistes pleins d'ardeur pouvaient parcourir et étudier à loisir. Cependant ces journalistes, dépourvus de toute préparation sérieuse dans l'étude de la guerre, ne soupçonnaient point que tous ces beaux livres pouvaient bien être publiés à dessein, pour détourner l'attention des chefs français des véritables intentions des allemands. Avant même que le premier coup de feu ne fût tiré, l'opinion publique de toute l'Europe avait été préparée par les Allemands eux-mêmes, qui avaient annoncé à grands coups de presse la manière dont ils feraient la conquête de la France. En surplus, la tendance naturelle de l'homme est de discerner surtout ce qu'il s'attend à voir. Bref, dans cette campagne, les influences politiques et sentimentales accaparèrent à tel point l'imagination du public, que la chose essentielle entre toutes, le problème stratégique, fut entièrement perdu de vue.

Cependant les directeurs de la stratégie française, en vrais maîtres dans l'art de la guerre, restèrent étonnamment libres de toute influence politique ou sentimentale, et grâce à leur stricte adhérence aux nécessités militaires, ils purent remporter une série constante de victoires sur leurs ennemis, ce qui constitua une suite ininterrompue de défaites pour l'Allemagne, depuis le jour où la guerre fut déclarée.

L'imagination populaire est seule responsable d'avoir donné naissance à la légende que certains mouvements stratégiques furent motivés par des raisons d'ordre politique ou sentimental, tandis que le haut commandement des deux côtés, mais bien plus encore du côté des Alliés, s'efforçait d'écarter toutes les considérations d'ordre politique ou sentimental, dans l'adoption de ses dispositions militaires.

En France, sans le stoïcisme admirable du général Joffre, le problème stratégique n'aurait jamais pu être solutionné avec succès, et la France et sans doute aussi l'Angleterre, seraient à présent à la merci des Prussiens. Grâce à cette curieuse faculté d'escamoter les faits qui donne une piètre idée de l'équilibre mental de l'humanité, on voit jusqu'à de brillants écrivains s'emballer sur l'idée absurde d'une guerre scientifique qui serait dirigée sous l'influence de considérations politiques ou de sentiment et amoindrissant de ce fait aux yeux de tous la valeur professionnelle et la clairvoyance des chefs responsables, desquels cependant ils attendent la victoire.

Nous avons démontré, dans le chapitre précédent, comment le général Joffre résista sans faiblir à tous les appels du cœur ; comment, pendant la période de préparation, il se limita à faire une diversion dans le but de mener à bien son plan de concentration; et comment sans hésiter, il fit évacuer la Haute-Alsace par ses troupes, conformément aux principes de la plus saine stratégie.

En d'autres termes, bien que Joffre fût animé d'un amour extrême et passionné de la France et qu'il fût désireux, autant que tout autre Français, de reconquérir les provinces perdues, bien que son cœur fût touché par les souffrances de la Belgique et exalté par son héroïsme autant que s'il eût été Belge lui-même, dès l'instant qu'il fait la guerre, il n'est plus que le chef militaire, et pour le vrai chef, l'action stratégique seule compte, et c'est cela seul qui doit le mener au but qu'il poursuit.

Après avoir fait sa première expédition dans les

provinces perdues, et s'en être retiré (mouvements de pure stratégie qui furent attribués par les Allemands, tout autant que par le reste du monde, à des motifs de sentiment — il est même fort probable que Joffre voulut fonder cette opinion —), soudainement, comme s'il voulait contre-carrer son dessein véritable ; comme si, se ravisant, il attachait quand même une grande importance politique et morale à la reprise et à l'occupation des « provinces perdues », Joffre renouvela avec des effectifs plus élevés sa première diversion, abandonnant ainsi, en apparence, les infortunés Belges à leur sort.

Lorsque l'on connaît les faits et que l'on comprend les raisons qui motivèrent cette opération; quand on se rend compte de son influence décisive sur toute la campagne; on ne peut lire ou écouter avec patience les opinions répandues partout à ce sujet ; et sans ressentir, sinon proclamer, qu'un grand tort, qu'une criante injustice a été faite au grand stratège que l'on peut appeler « le sauveur de l'Europe ». On l'accusa d'avoir frappé en Alsace-Lorraine dans l'intention d'y provoquer un soulèvement des habitants, tandis que, bien au contraire, pendant des mois ses officiers eurent l'ordre formel de décourager toute tentative d'émeute populaire. Toutes sortes de motifs ont été invoqués pour expliquer la première avance des armées françaises de l'Est en territoire allemand, *hormis la véritable raison.*

Par contre, aucun effort n'a été fait pour expliquer avec exactitude et précision technique, le retard en ce qui concerne l'avance des Français en Belgique !

Même après l'apparition du compte rendu officiel bref et clair, qui fut publié par l'état-major français sous le titre de « Six mois de guerre », les opinions erronées persistent et restent enracinées comme s'il s'agissait d'articles de foi, plus dignes de crédit que les déclarations émanant du commandement suprême des armées ! Et pourtant, il suffit d'invoquer contre ces opinions persistantes et futiles le témoignage irréfutable des dates et de la position des corps d'armée à ces mêmes dates pour établir leur fausseté. Sans doute ces idées permettent à l'écrivain en herbe de passer sous silence les grandes opérations dont les conséquences étaient d'ordre capital, et dont l'importance était suprême. Il lui est loisible alors de fixer toute son attention et celle de ses lecteurs sur des faits de guerre qui se prêtent mieux aux descriptions impressionnantes et théâtrales. Il ne sait rien, et, que lui importe le pivot oriental de la campagne ! Il se l'imagine volontiers peu fourni d'incidents notables ; combien il préfère l'image de la formidable « avalanche allemande », toutes les légions du Kaiser précipitées à travers la Belgique, véritable bolide fulgurant poussant devant lui les adversaires, « vaincus » comme sous la poussée d'un flot montant et furibond, d'une marée irrésistible, jusqu'au moment où quelque chose... il ne sait quoi... arrêta tout court « cette marche en avant stupéfiante » aux portes mêmes de Paris !

Pensez donc ! C'est ainsi que fut passé sous silence une bataille gigantesque, au cours de laquelle le nombre des tués fut plus élevé que dans toutes les autres batailles de la guerre, à l'exception, peut-être, de la bataille d'Ypres qui fait partie de la seconde phase de la guerre. Une bataille qui fut la plus meurtrière, la plus vivement et la plus longuement disputée de toute la campagne, et cependant cette bataille-là n'attirera jamais que très peu l'attention, si même on daigne s'en occuper un jour.

Mais nous n'avons pas ici à nous occuper du mérite particulier des combattants. Nous nous attachons seulement à examiner le problème stratégique sous son véritable aspect. Nous tenons à présenter le tableau fidèle des événements qui se sont déroulés à l'Est comme à l'Ouest, sans nous arrêter à des préférences de nationalités.

Nous avons dit pourquoi il nous serait malaisé de faire tout d'une traite la narration complète d'une phase tout entière, par conséquent, ayant passé en revue les opérations préliminaires, nous passerons aux premiers mouvements d'importance entrepris par les Français.

Nous allons d'abord établir la situation véritable de l'état-major français par rapport à la Belgique et démontrer, une fois pour toutes, les raisons stratégiques et autres, qui retardèrent les mouvements des armées françaises de l'aile gauche et du centre ; raisons qui, incidemment, empêchèrent le général Joffre de donner aveuglément dans le piège qui lui était tendu en Belgique par les Allemands.

Lorsque dans les opérations d'offensive on vise à des résultats décisifs, le principe indiqué consiste à s'assurer la supériorité numérique sur un point donné. Cette supériorité numérique, le général Joffre ne l'avait sur aucun point le 14 août, c'est-à-dire à la date où ses cinq premières armées avaient achevé leur concentration, et en Belgique encore moins que partout ailleurs. Mais tablant sur une appréciation erronée des forces ennemies — erreur d'estimation dont nous donnerons plus loin la cause — il espérait obtenir cette supériorité aussitôt que grâce à la coopération des forces britanniques et belges il aurait terminé la réorganisation de son aile gauche.

Maintenant jetons un coup d'œil sur l'alternative qu'adopta le général Joffre pour la conduite des opérations militaires en Belgique. Cette alternative, dans ses grandes lignes, lui était indiquée par la position du point choisi par les Belges pour la concentration de leur armée, et aussi par la configuration du terrain sur lequel devait opérer son aile gauche.

Cette alternative consistait à attirer l'aile droite allemande vers l'ouest de la Meuse — en d'autres termes, il s'agissait de retourner contre les Allemands la situation que ces derniers cherchaient à créer contre les Français.

Un bon travail d'avant-garde, combiné avec un généreux déploiement de l'artillerie de campagne française si mobile, amènerait les Allemands au point désiré; et ce serait eux qui se feraient prendre au piège au lieu des Français; ils seraient écrasés; et alors les destinées de l'Europe — ou plutôt de l'Empire allemand — seraient réglées sur les plaines mêmes du Brabant, sur le sol classique où bien d'autres campagnes furent décidées dans le passé.

Pour réussir dans ce projet, ambitieux il est vrai, mais nullement présomptueux, le général Joffre devait avant tout obtenir la supériorité du nombre, qui lui assurerait une victoire rapide et complète. Il pensait bien obtenir cette supériorité par le concours de l'armée britannique et des Belges; cependant, pour s'en assurer doublement, le général Joffre, qui n'était pas absolument fixé sur l'importance exacte des effectifs allemands sur tous les points, voulut encore ajouter une corde à son arc — ou plutôt, une double corde — et il eut recours à un nouveau moyen ; ce qui nous fournit la clef du mystère, du but qu'il visait par son offensive générale en Alsace-Lorraine.

Ceux qui voulurent bien s'intéresser à ces opérations, acceptèrent comme une chose évidente qu'à l'ouverture des hostilités, les Français avaient accumulé presque toutes leurs forces dans le secteur de l'Alsace-Lorraine — et que dans cette région leurs troupes étaient bien plus nombreuses que celles qui se trouvaient sur la frontière belge. En réalité, il en était tout autrement, et le nombre de corps d'armée dont disposaient les généraux Pau, Dubail et de Castelnau pour l'exécution du grand mouvement projeté ne s'élevait même pas à la moitié de celui des armées du Nord et de l'Ouest.

Vers le 14 août, date à laquelle s'ouvrit la seconde offensive française sur la frontière de l'Est, 15 corps d'armée français étaient assemblés devant la frontière belge ; et avant le 18 août, Joffre enlevait un corps d'armée à chacune des armées de Dubail et de Castelnau pour renforcer la 5e armée qui se trouvait dans le Nord sous les ordres du général Lanrézac, et à laquelle on ajouta encore la division algérienne[1], la division du Maroc[2], et un corps de cavalerie supplémentaire[3].

Le général Joffre aurait pu encore avoir un nouveau renfort dans la 6e armée, si les éléments de cette armée n'avaient pas dû être rassemblés aussi loin dans le sud que Compiègne afin de laisser libres les communications de l'armée britannique, au moins pendant la période de concentration.

Sur la frontière de l'Est, les généraux de Castelnau et Dubail avaient ensemble l'équivalent de six corps d'armée, et le contingent du général Pau n'égalait pas la moitié de ces effectifs. En tout, cela faisait neuf corps d'armée, en comptant les divisions de réserve ; tandis que dans le Nord, il y avait *dix-huit* corps d'armée le 20 août, sans compter l'armée britannique. Et cependant cette grande concentration de forces n'était pas encore suffisante. Comme le général Joffre ne pouvait entreprendre les opérations d'offensive en Belgique avant l'arrivée des troupes britanniques il voulut utiliser de son mieux cette période d'expectative en s'efforçant de distraire autant qu'il le pourrait du secteur Nord les armées allemandes qui s'y massaient. Ce fut là le principal objectif de la première offensive des Français en Alsace et en Lorraine. L'état-major

[1] Général Mangin.

[2] Général Humbert.

[3] Général Conneau.

français estimait que ce mouvement, qui suivrait de près la première offensive française en Haute-Alsace, intriguerait les Allemands, retarderait leurs mouvements en Belgique, et les inciterait à détourner encore du Nord au Sud des effectifs considérables.

Le succès de la manœuvre de l'état-major français ne peut être mis en doute : la 6e armée allemande à Metz sous les ordres du prince Ruprecht de Bavière qui était déjà très forte le 20 août, fut renforcée encore de trois corps d'armée ; ce ne fut que longtemps après que les Allemands s'aperçurent qu'ils avaient tout bonnement été joués et que ce n'était pas en Lorraine que se trouvaient les forces principales des Français, mais en Belgique. Il était alors trop tard, parce que de si gros effectifs ne peuvent être transportés en un clin d'œil d'un point à un autre d'un front d'aussi vaste étendue. Et ce fut à ce moment même que de Castelnau au Nord et le général Pau au Sud, prirent résolument l'offensive ; que Castelnau s'avança de Nancy pour repousser d'une part les Allemands qui avaient franchi la Moselle et la Seille et avaient cruellement bombardé Pont-à-Mousson, ville ouverte ; et d'autre part, pour détruire les forts retranchements qu'ils avaient établis au sud de Saarburg. Le général Paul devait reprendre Mulhouse et se rendre maître des ponts du Rhin au sud de Strasbourg.

Le général Pau, qui remplaça, à Belfort, le chef qui avait commis les premières fautes, est un officier retraité âgé de soixante-dix ans, et qui a perdu un bras dans la guerre de 1870.

Pau est un chef extrêmement capable et populaire ; s'il avait été en activité quand la guerre éclata il aurait pu se trouver à la place de Joffre, ou, tout au moins, on lui aurait donné un commandement très important. Au lieu de cela, le sort voulut qu'il fût appelé à prendre la place d'un général qui s'était révélé insuffisant, et à diriger les mouvements de l'aile droite de l'armée du général Dubail.

Le général Pau montra aussitôt sa grande habileté.

Le plan d'attaque dans la Haute-Alsace fut refait, et Pau fit avancer ses colonnes. Il ne s'agissait plus d'une simple reconnaissance, mais bien d'une opération importante qui, au moins dans ses résultats locaux, devait être décisive. Tous les avantages n'étaient pas du côté du général Pau. Depuis leur première alarme, les Allemands avaient étendu leur aile gauche et avaient massé un grand nombre de troupes à Mulhouse et à Altkirch. Trois corps d'armée ennemis[1] au moins étaient répartis dans le triangle Neuf-Brisach-Altkirch-Bâle.

La tâche du général Pau était difficile. Cepen-

[1] Ces troupes vinrent former le noyau de la 7e armée allemande. sous le général von Heeringen.

dant, son talent de tacticien était si remarquable, et l'enthousiasme des troupes qu'il commandait, tel, que la victoire fut rapide et complète.

Au lieu de marcher sur Altkirch par l'Est, il avança au nord de Belfort, et attaqua par la région de Thann. Surpris, les Allemands n'eurent pas le temps de se reconnaître et de changer de front. Des divisions d'arrière-garde allemandes furent écrasées en détail à Guebwiller et à Mulhouse, tandis que le gros de leurs forces restait inactif à Altkirch. Puis, lorsque ces gros effectifs furent appelés à marcher contre le flanc du général Pau, ce parfait tacticien avait déjà effectué un changement de front ; et alors, attaqués par les Français en nombre supérieur, les Allemands, dont les renforts étaient déjà anéantis, fléchirent, et, fortement éprouvés, ils battirent en retraite en désordre dans la direction de Bâle et de la rive droite du Rhin. Ils avaient perdu au moins 10.000 hommes, et les Français leur enlevèrent en surplus 24 canons de campagne, ainsi qu'une quantité considérable de matériel de guerre et de munitions. A tous les points de vue, c'était une brillante victoire ! Le général Pau avait quitté Belfort le 14 août, et le 19 août il avait déjà culbuté trois corps d'armée allemands et s'était rendu maître de toute la Haute-Alsace ; il avait les ponts du Rhin en son pouvoir et commandait les approches de Colmar et de Neuf-Brisach.

Toutefois, cette victoire, toute complète et glorieuse qu'elle fut pour les armes françaises, devait demeurer un succès négatif et non décisif, au milieu des propositions stratégiques plus importantes de la guerre, pour l'unique raison qu'elle fut remportée en dehors de la zone principale de concentration allemande. Cela semble être un principe de stratégie assez bien établi. Une victoire importante remportée sur la ligne de concentration de l'ennemi peut le forcer à se désister sur d'autres points et à entreprendre une retraite générale. Dans l'exemple cité il faut tenir compte que la ligne de concentration allemande ne s'étendait pas dans le sud au delà de Strasbourg et qu'elle ne fut prolongée de façon provisoire que pour parer à l'attaque des Français.

Si les événements sur d'autres points avaient été plus favorables, on ne peut douter que le général Pau aurait tiré le plus grand parti de son succès ; car il se trouvait en position de franchir le Rhin immédiatement et d'envahir l'Allemagne du Sud. Il est même probable que c'est ce qu'il se préparait à faire, quand les événements dans le Nord retournèrent la situation contre lui et ne lui permirent plus de se maintenir sur les positions qu'il avait si brillamment conquises.

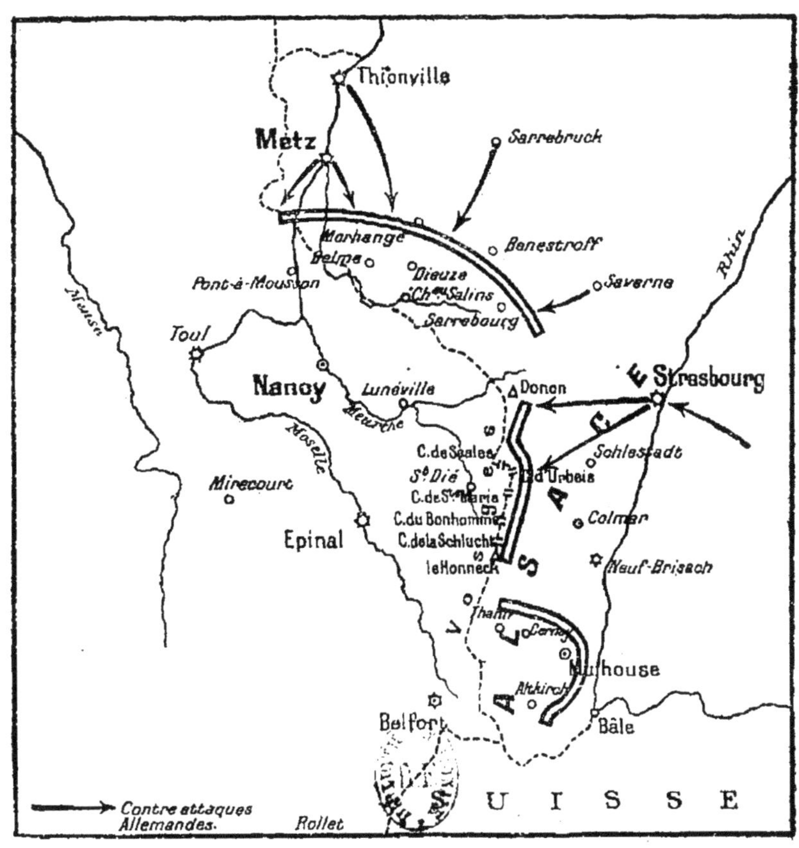

(Carte n° 5). — Carte pour illustrer l'avance des Français en Alsace et en Lorraine et indiquant sa limite extrême au 20 août 1914.

CHAPITRE VIII

LES ALLEMANDS RESTÉS PERPLEXES DEVANT LES VICTOIRES FRANÇAISES EN ALSACE-LORRAINE, SE SAISISSENT RAPIDEMENT D'UN AVANTAGE ET REMPORTENT UNE GRANDE VICTOIRE TACTIQUE SUR LES FRANÇAIS DONT LE RÉSULTAT EST CEPENDANT DÉSASTREUX POUR LES PLANS STRATÉGIQUES DE CAMPAGNE DES ALLEMANDS.

Le général de Castelnau, comme Pau, était un tacticien consommé, et il remporta tout d'abord un succès complet.

En dépit des difficultés que présentait le terrain sur lequel il devait opérer, et des forts ouvrages défensifs élevés par les Allemands tout le long de la frontière et jusqu'en territoire français, le commandant de l'armée de Lorraine manœuvra si bien que dans l'espace d'une semaine de combats violents et incessants il repoussait les ennemis sur toute la ligne, et s'emparait de toutes leurs positions au sud et au sud-est de Metz, jusqu'au Donon, sans excepter ce pic (le plus élevé des Vosges).

De son côté, le général Dubail réussissait à enlever aux Allemands tous les défilés des Vosges qu'ils avaient soigneusement fortifiés : ces opérations ardues et compliquées se terminèrent brillamment les 18 et 19 août au défilé de Saales, où Dubail remporta un succès important : les Français firent là plus de 1.500 prisonniers et enlevèrent à l'ennemi 20 canons, 1 drapeau, et du matériel en masses.

Ainsi, les résultats obtenus par les Français dans les premiers jours de la guerre, dépassèrent toutes les prévisions ; et il est certain que ces résultats contribuèrent à donner aux observateurs passifs une fausse idée de la stratégie de Joffre ; en effet, on a proclamé hautement et sans aucune sorte de réserve, que si le même effort avait été fait en Belgique, que si le général Joffre s'était tenu strictement sur la défensive sur la frontière de l'Est, et avait pris l'offensive dans le Nord on aurait évité l'invasion à la Belgique et Liège aurait été délivrée. Ces critiques bien intentionnés mais puérils ne se rendaient pas compte alors — en vérité ils ne s'en rendent peut-être pas encore compte aujourd'hui — que ce qu'ils conseillaient et proclamaient si naïvement, était exactement ce que les Allemands attendaient, c'était précisément ce que ces derniers espéraient voir faire à Joffre.

A partir du moment même où les Belges décidaient de résister et démontraient qu'ils étaient en état de le faire, l'état-major allemand fut convaincu que les Français se précipiteraient à leur secours en territoire belge, en laissant leur frontière de l'Est insuffisamment garnie ; et alors les Allemands, avec des forces relativement réduites, perceraient cette ligne frontière, et presque simultanément, grâce à une supériorité numérique énorme, ils écraseraient les Français en Belgique.

Mais en vérité, ils n'attendaient pas si tôt, et ne pouvaient prévoir, une avance aussi soudaine que générale dans le « Reichsland ». Cela les rendit perplexes — cela les aveugla. — La stratégie de Joffre était étonnamment subtile ; et en somme, en vertu de cela, les critiques ont bien droit à un plein pardon, si l'on admet que les très puissants cerveaux de l'état-major général allemand, pendant au moins un bon moment, se laissèrent berner complètement. Cependant ceux-ci avaient des indications qui ne sont pas à la disposition du premier stratège-amateur venu : les indications fournies par des reconnaissances à Dinant, et à Mangiennes au nord de Verdun, opérations qui auraient dû apprendre aux Allemands que les Français rassemblaient rapidement des forces considérables dans le Nord ! Ah ! s'ils avaient pu lire dans le livre du Destin ! Néanmoins, la violence des coups portés par les Français en Alsace et en Lorraine les fit réfléchir et hésiter. Ils ne purent saisir la véritable signification de ces mouvements, ni pénétrer les intentions de leurs adversaires.

L'avance en Alsace et principalement en Lorraine, paraissait sérieuse aux Allemands, car par cela leur ligne de concentration se trouvait menacée à un point vital.

Alors, à ce moment même, par le désir de tirer tout le parti possible de la situation, ils entrevirent soudainement une occasion favorable de frapper un coup décisif en Lorraine, — un coup qui leur ouvrirait immédiatement une superbe entrée en France au travers de la principale ligne de défenses des Français.

D'après les mesures qu'ils prirent pour préparer ce coup, il ressort qu'ils étaient convaincus que Joffre suivait le principe stratégique fort dangereux que représentent les opérations sur lignes parallèles ; qu'il avait partagé également ses forces entre le théâtre d'opérations du Nord et celui de l'Est, lorsqu'en réalité les Français étaient beaucoup plus nombreux dans le Nord. Ils étaient cependant certains, quoi qu'il arrivât, d'avoir la supériorité là, fait que Joffre, tout bien informé qu'il pût être, n'aurait pu aisément deviner — nous verrons bientôt pourquoi — et si l'aile droite de Joffre, si forte qu'on la supposait, pouvait être rompue et anéantie, alors la tâche des Allemands dans le Nord serait rendue d'autant plus aisée. Mais dira-t-on, pourquoi les Allemands auraient-ils songé à forcer la ligne des remparts français de l'Est, si vraiment ils croyaient l'aile droite française tellement forte? Pour la raison bien simple que cette aile droite n'était pas concentrée tout entière en Lorraine (ils l'avaient appris à leurs dépens en Haute-Alsace), elle s'étendait jusqu'aux Vosges et en la Haute-Alsace : et il n'était que trop évident qu'une défaite rapide et écrasante infligée à l'armée de Lorraine, mettrait aussitôt les autres armées plus au Sud en péril imminent. Les Allemands comptaient que les Français victorieux dans le Sud hésiteraient à évacuer l'Alsace *une seconde fois ;* et alors, avant qu'ils n'eussent le temps de s'y décider, les colonnes allemandes descendant de Saarburg, arriveraient à Châlons; et les armées françaises de la Haute-Alsace et des Vosges se trouveraient isolées et coupées, en attendant de se voir bientôt cernées à Épinal et à Belfort. Les efforts nécessités par l'exécution de tout ce beau programme ne modifieraient aucunement la situation des Allemands ailleurs, au contraire, cela avancerait beaucoup leurs affaires en Belgique, puisque les armées françaises du Sud une fois détruites, le sort de celles du Nord serait vite réglé, si ce n'était déjà fait : ces armées devaient fatalement succomber sur les plaines de la Belgique dans la quadruple étreinte de von Kluck, de von Bulow, de von Hausen, et de Wurtemberg.

C'est dans ces circonstances que l'état-major allemand donna l'ordre de masser des forces considérables contre les Français en Lorraine.

Le 20 août marque la fin de la grande avance française en Alsace. Cette même date marque l'ouverture d'une période d'opérations décisives en Belgique. Si nous admettons què la stratégie de Joffre en Belgique dépendait beaucoup de la tournure des événements sur la frontière de l'Est, et que les événements aboutirent à leur phase critique en Lorraine plus tôt qu'en Belgique, pour ne pas perdre le fil et respecter en même temps l'ordre chronologique, nous suivrons d'abord les événements des quatre ou cinq jours suivants sur la frontière française de l'Est, sans perdre de vue la situation des affaires dans le Nord pendant la même période.

Nous avons vu comment, à la suite de luttes opiniâtres, l'armée du général de Castelnau emporta l'une après l'autre le plus grand nombre des positions allemandes au Sud et au Sud-Est de Metz. Le 20 août les postes avancés de cette armée atteignirent Fenestrange, au nord de Saarburg, puis le gros des troupes ayant rejoint, Castelnau décida de s'emparer des dernières positions allemandes entre Metz et Strasbourg afin de percer la ligne de concentration allemande.

Pour bien comprendre ce qui se passa, il faut se rappeler plusieurs faits importants : notamment et en tout premier lieu, que l'armée de Castelnau n'était plus aussi forte qu'à son départ de Lunéville et de Nancy ; on lui avait retiré tout un corps d'armée — le 9e corps — qui fut dirigé dans le Nord pour renforcer la 5e armée ; un but sérieux de la stratégie de Joffre consistant à tromper l'adversaire sur l'importance des contingents de Lorraine, en les réduisant au fur et à mesure de leur marche en avant. En second lieu, on doit tenir compte que la prise des positions allemandes ne s'accomplit pas sans grandes pertes ; puis encore, il arriva que plusieurs unités, soit par suite d'épuisement, soit pour s'occuper de l'organisation du terrain conquis et remplir d'autres missions nécessaires, restèrent en arrière. Dans ces conditions, Castelnau aurait été mieux avisé d'attendre un jour ou deux avant d'attaquer — et après ce laps de temps il est probable qu'il n'aurait même pas attaqué ; il se serait mis sur la défensive, et il aurait peut-être même fini par rebrousser chemin tranquillement en deçà de la frontière, *sa tâche à ce moment étant entièrement accomplie*. Mais il crut entrevoir un avantage à sa portée ; il jugea les Allemands démoralisés — comme l'étaient effectivement ceux qu'il avait battus, mais non les troupes fraîches amenées contre lui.

Les Allemands, de leur côté furent tentés par la belle occasion qui se présentait pour eux : pendant que les Français s'avançaient en Lorraine, les ennemis se hâtaient de renforcer leurs dernières lignes de défense, de les rendre imprenables. Ils avaient des lignes de tranchées sans fin ; des redoutes, des barricades d'arbres abattus, le tout abondamment pourvu de réseaux inextricables de fils de fer, et pour compléter cette préparation soignée, ils apportèrent l'appui formidable de l'immense stock de grosse artillerie qui se trouvait à leur portée dans l'arsenal de Metz. Il advint donc que le 20 août, les officiers français menèrent leurs troupes à un sacrifice inutile à Saarburg et à Morange. Ce fut en vain que les colonnes éprouvées de Castelnau s'élancèrent courageusement à l'assaut des obstacles formidables préparés par l'ennemi. Elles furent aussitôt enveloppées dans un ouragan d'acier, un cataclysme de mitraille et d'obus. Les infortunés réservistes furent les premiers à fléchir. C'est alors que les troupes fraîches de l'ennemi, avec une supériorité numérique de trois contre un, déchaînèrent leurs contre-attaques. Par bonheur, le 20e corps d'armée — les divisions de fer — étaient là ; sans ces admirables troupes, l'armée de Castelnau aurait pu être anéantie. Le 20e corps, commandé par le général Foch, fut digne de sa renommée et ne céda pas ; comme un rempart d'airain il protégea la retraite. Les Allemands tentèrent en vain de briser la résistance de ces troupes, leurs tentatives leur causèrent des pertes encore plus élevées que tout ce qu'ils avaient pu prévoir; cependant les héroïques « divisions de fer » furent aussi très éprouvées ; on ne peut guère évaluer leurs pertes au-dessous de 20.000 hommes et de la totalité de leur artillerie. Les Allemands ont beaucoup exagéré les pertes des Français à Saarburg; néanmoins ces pertes furent plus élevées qu'on ne l'a déclaré dans les communiqués français.

C'est ainsi que le général de Castelnau perdit un bon tiers de ses effectifs, et fut bien près d'être cerné. Avant même qu'il eût repassé la frontière, les Allemands remontaient déjà d'un côté, le cours de la Moselle et de la Seille, dans la direction de Nancy, tandis que d'autres fortes colonnes s'avançaient de Strasbourg vers les Vosges. C'est sans doute cette circonstance qui le sauva, elle lui fit activer sa retraite et le dissuada d'organiser toute tentative de résistance avant d'avoir rallié les lignes du « Grand-Couronné » et de la Meurthe. Les Allemands furent déçus en ceci : qu'ils avaient compté, comme on compte sur une certitude absolue, sur l'anéantissement immédiat et complet de l'armée de Castelnau à Saarburg. L'avenir leur réservait bien d'autres déconvenues.

Toute sérieuse qu'a été l'affaire de Saarburg par elle-même, les pertes élevées qu'elle occasionna n'eurent aucune influence sur la stratégie de Joffre.

Il ne s'agissait encore que d'une contre-partie de ce qui s'était passé à Mulhouse : une défaite subie *en dehors* de la ligne principale de concentration.

Par contre, si cette affaire de Saarburg eût été suivie du percement par l'ennemi de la Trouée de Mirecourt et de l'isolement des armées de Dubail et de Pau, l'un dans les Vosges et l'autre en Alsace, c'eût été une toute autre affaire. C'eût été la bataille décisive de la guerre ; et la France, peut-être, ne serait plus à présent qu'une province allemande.

Il en fut tout autrement ; cette bataille n'ouvrit pas aux Allemands le libre passage de la Trouée de Mirecourt ; et les armées de Dubail et de Pau ne se trouvèrent pas isolées dans les Vosges et en Alsace ; Joffre avait atteint son but. Il avait amené les Allemands à réduire leurs forces dans le Nord, en attirant plusieurs de leurs corps d'armée vers le Sud ; et il avait réussi à amener une armée allemande immense sur un secteur qu'il avait choisi et organisé d'avance, et que les ennemis ne devaient jamais pouvoir franchir.

Il advint que, contrairement aux espoirs des

Allemands et à leur grande surprise, Pau et Dubai évacuèrent sans hésiter les Vosges et la Haute-Alsace et qu'ils arrivèrent juste à temps pour donner concours à l'armée de Lorraine vigoureusement pressée ; et ainsi ils sauvèrent la France et l'Europe des pires calamités.

Les efforts que firent les troupes de l'armée du prince Ruprecht de Bavière pour atteindre les rives de la Moselle à l'ouest de Lunéville et enfermer l'armée de Castelnau dans Toul, furent terribles, gigantesques.

Les chefs allemands étaient décidés à recueillir tous les fruits de leur victoire de Saarburg, et de la distribution nouvelle de leurs forces; distribution qui leur avait été imposée par Joffre et qui devait leur être défavorable si elle ne leur procurait immédiatement des avantages décisifs. Contrairement à leurs intentions, ils avaient été contraints d'éparpiller leurs forces — d'étendre les bras et de découvrir leur poitrine aux attaques — alors qu'ils auraient de beaucoup préféré garder toutes leurs forces réunies, pour se tenir concentrés sur un front moins étendu. C'est alors qu'ils commencèrent à sentir ce qu'il y avait de défavorable pour eux dans le jeu de Joffre; toutefois, ils ne voulurent pas consentir à le croire capable d'une si grande pénétration stratégique. Selon eux, il ne pouvait manquer quand même de se laisser prendre au piège en Belgique, et dans tous les cas il laisserait son armée en Alsace où elle se trouvait.

Cependant, si aucune des prévisions de l'état-major allemand ne se réalisait, on pourrait bien considérer la guerre comme perdue pour l'Allemagne (hypothèse que le haut commandement allemand ne pouvait admettre dans ses calculs ; il aurait considéré que c'était perdre son temps que de s'arrêter, même un seul instant, à spéculer sur une semblable éventualité). C'était inadmissible ; autrement à quoi aurait servi toute la longue et laborieuse période de préparation et d'attente ?

Cependant il était peu probable que les Français, qui avaient obtenu l'initiative depuis le commencement, consentiraient bénévolement à l'abandonner. Cette initiative avait été acquise par la première offensive en Alsace ; elle avait été gardée par l'avance générale qui suivit dans les provinces annexées ; on la retenait aussi en Belgique en y attirant les Allemands, au lieu de marcher vers leurs positions ; et si les Français réussissaient là ou s'ils échouaient, s'ils parvenaient à avancer ou décidaient de se retirer, le résultat serait le même ; *la campagne était perdue sans rémission pour l'Allemagne.*

Tout comme les journalistes, les Allemands se trompèrent en pensant qu'ils tenaient l'initiative

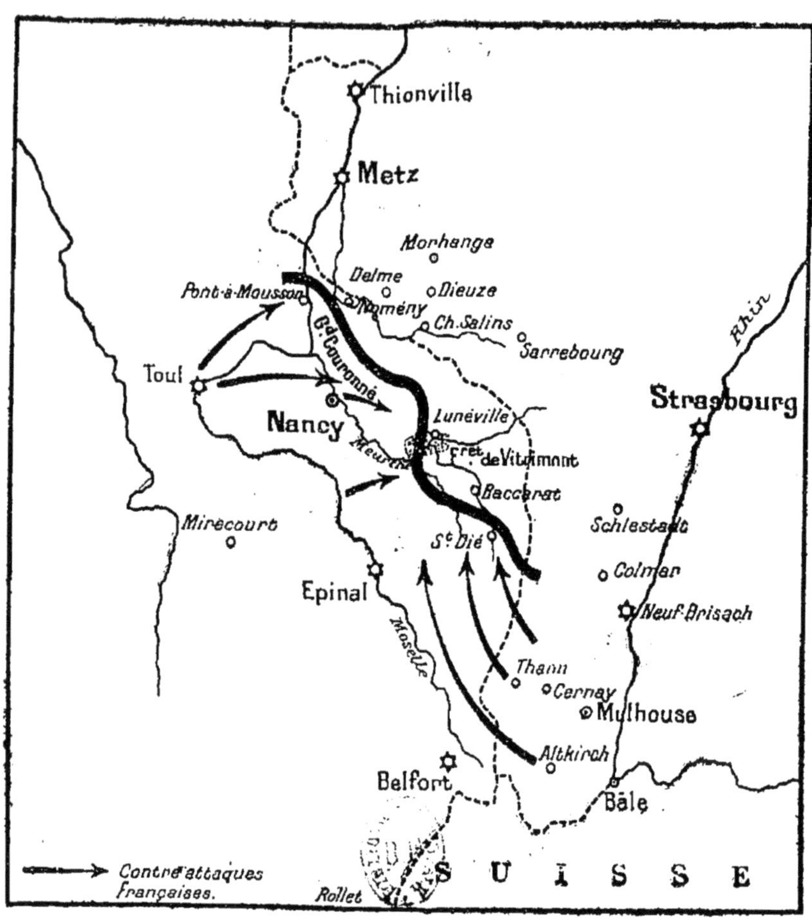

(Carte n° 6). — Carte pour exposer l'effort Allemand contre la « trouée de Mirecourt » et la limite extrême de cet effort au 24 août.

parce qu'ils attaquaient Joffre, mais ils ne se rendaient nullement compte qu'ils ne pouvaient l'attaquer que sur les points où il avait décidé de se laisser attaquer par eux ; il n'est dès lors que trop évident qu'une offensive dans de telles conditions ne pouvait suffire pour donner l'initiative aux Allemands.

N'était-ce pas un peu le pressentiment du désastre prochain, résultant de leur « fiasco » stratégique, qui incita les Allemands à gaspiller leurs forces comme ils le firent — à frapper si désespérément sur autant de points à la fois, et à commettre les cruautés les plus insensées ? — Ce ne fut pas Liège qui leur fit perdre la guerre ; ce fut l'Alsace, *où ils perdirent l'initiative ;* tout est là, la campagne était d'ores et déjà décidée en faveur des Français.

Dès lors, les Allemands se conformèrent aux projets de Joffre, ils obéirent à ses mouvements, ils perdirent l'équilibre et culbutèrent à sa suite ; tel un homme qui se laisserait tirer par la main sur un plan fortement incliné au pied duquel son adversaire l'immolera ; le fait que, durant la descente rapide et involontaire, il s'est toujours trouvé dans une position plus élevée par rapport à celle de l'ennemi qui l'entraînait à sa suite, ne prouve nullement qu'il était maître de la chute.

Par la suite, nous verrons que les Allemands auraient pu être acculés plus tôt, et que la France aurait pu être préservée des horreurs de l'invasion, si Joffre avait été mieux informé sur l'importance des effectifs allemands, et s'il avait été bien secondé par tous ses subordonnés.

On ne peut faire aucun reproche sérieux à de Castelnau. — Il n'a erré que dans des appréciations d'ordre psychologique, faute excusable, et dont n'ont pas été exempts les chefs les plus habiles. En outre, qui pourra jamais oublier les hautes félicitations qu'il a méritées pour l'habileté remarquable qu'il déploya après un si sérieux revers, dans la réorganisation de son armée, pendant que, serré de près par l'ennemi, il devait résister à des attaques continuelles et vigoureuses? Le général de Castelnau mérita aussi les plus grands éloges, pour l'adresse avec laquelle il sut coordonner ses mouvements avec ceux de Dubail et de Pau. Les Allemands n'attendirent pas longtemps le règlement du compte ouvert chez Castelnau, qui à Lunéville, racheta largement les pertes qu'il avait subies à Saarburg — des régiments allemands furent fauchés ; des brigades ennemies entières disparurent. Durant deux jours les Allemands furent arrêtés sur la rive droite de la Moselle, après n'y être arrivés que par une suite d'efforts prodigieux ; les Français leur donnèrent le coup de grâce par deux grandes attaques de flanc — l'une partie de Nancy, l'autre du Sud (25 août).

Les Allemands abandonnèrent des positions et durent ensuite rester sur la défensive jusqu'à la date de leur attaque suivante plus au Nord, et la grande bataille de Nancy.

Ainsi nous voyons comment les Allemands, sortis vainqueurs d'une opération tactique sur une grande échelle, furent en conséquence même de cette opération *tactique*, vaincus *stratégiquement* par l'affaiblissement de leurs forces au point vital, ce à quoi ils s'étaient soumis par la volonté de Joffre.

Par la suite nous pourrons constater cette ascendance de la volonté de Joffre sur les chefs allemands, ascendance qui s'affirmera continuelle et constante. A la longue elle s'imposera à un tel degré que sans s'en douter, les ennemis auront l'air de recevoir leurs ordres de celui qui s'annonce déjà comme leur vainqueur.

Si l'on étudie la psychologie allemande et le sang-froid stupéfiant du grand chef français, on doit s'étonner un peu de voir que les défaites stratégiques des Allemands ont toujours alarmé l'Europe, comme si elles eussent été une chevauchée de victoires sans fin.

CHAPITRE IX

JOFFRE ÉVITE LE PIÈGE QUI LUI EST TENDU EN BELGIQUE, ET LES ALLEMANDS, CROYANT Y ÉCRASER LES FRANÇAIS, FRAPPENT UN GRAND COUP DANS LE VIDE; D'AUTRE PART, LA RÉPLIQUE PRÉPARÉE PAR JOFFRE SE TROUVE ENTRAVÉE PAR LA CONCENTRATION SECRÈTE DE TOUTE UNE ARMÉE ALLEMANDE.

La situation en Belgique, le 14 août, date à laquelle commença l'avance française en Lorraine, était la suivante :

La 2e armée allemande était occupée à réduire méthodiquement, mais rapidement, les forts de Liège, tout en se maintenant en contact avec les forces belges qui se concentraient à Louvain;

La 1re armée allemande traversait la Meuse à Liège et à Vizé, et s'acheminait prudemment et lentement dans la direction d'Anvers; les autres armées allemandes du Nord — la 3e sous von Hausen, la 4e sous Wurtemberg, et la 5e sous les ordres du Kronprinz — étaient occupées de diverses manières mais elles n'entreprirent pas

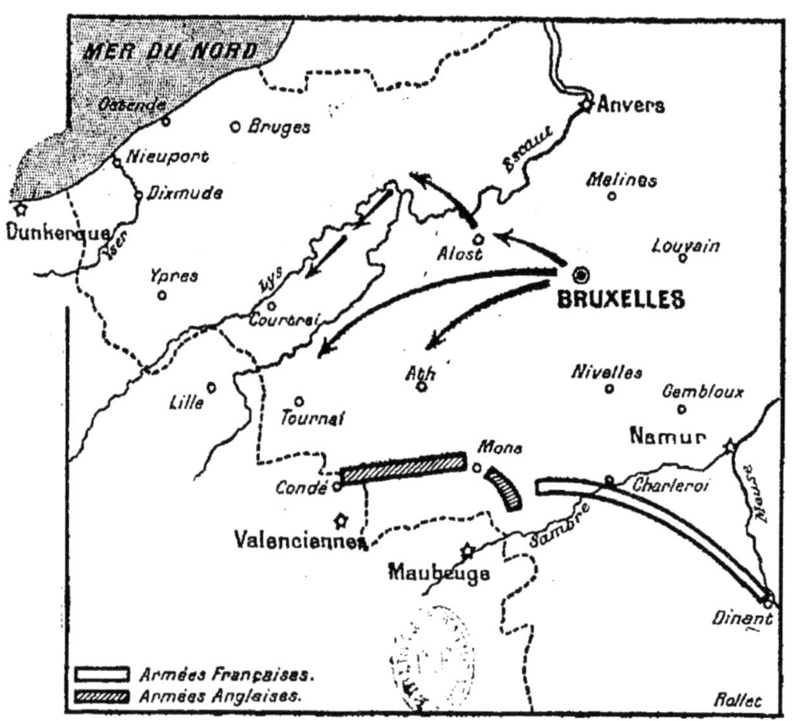

(Carte n° 7). — Carte indiquant l'avance de Kluck de Bruxelles, les 21-22 août.

d'opérations actives, en dehors de l'investissement de la petite forteresse de Longwy, située près de la frontière du Luxembourg. Cette forteresse ancienne — elle date du XVIIIe siècle[1] — avait été attaquée pour la première fois le 4 août. Vers le 5 ou 6 août, elle était complètement investie. Sa belle résistance fut un épisode notable, cependant cela ne pouvait avoir grande importance pour les belligérants. Si ce n'était la valeur morale qui s'attache au fait d'armes, le défenseur, le commandant d'Arche, aurait pu rendre la place immédiatement sans compromettre d'aucune façon la sécurité de la France.

L'œuvre qu'accomplissaient ailleurs les armées allemandes du centre avait une portée beaucoup plus considérable que la réduction de cette petite place. Ces armées étaient employées à préparer avec soin et méthode toute une série d'ouvrages et de tranchées compliquées au sud de Liège, le long du cours de l'Ourthe et à l'entrée de la forêt des Ardennes.

La puissance de ces armées, quant au nombre des unités, se trouvait sans doute réduite par la nouvelle distribution vers le Sud faite pour répondre à l'offensive française en Alsace; mais en supposant que les Français agiraient selon les prévisions des généraux allemands, la puissance des dites armées,

[1] En tant que forteresse. D'antres places fortes sont anciennes, mais ont été renouvelées.

grâce à la préparation très complète du terrain, était plus que suffisante pour infliger aux Français une défaite écrasante, si ces derniers se laissaient prendre au piège qu'on leur tendait en Belgique.

On ne doit pas oublier que jusqu'alors les Allemands ne s'étaient pas encore rendus compte de l'habileté avec laquelle le général Joffre avait su tirer parti de leur prodigieuse confiance en eux-mêmes. Aveuglés par leurs illusions, ils se laissaient entraîner à préparer des poussées formidables qui n'aboutissaient qu'à les conduire à des positions où Joffre refusait le combat. Nous devons nous rappeler qu'à ce moment-là, les chefs allemands étaient encore convaincus que les Français, entraînés et guidés par des questions de sentiment avaient déjà pénétré en force en Belgique. Les combats en Belgique n'avaient encore été que des conflits de forces en reconnaissances qui avaient pour objet de découvrir les points où les Français se trouvaient. Essayons de pénétrer la psychologie allemande à ce moment-là, telle qu'elle se révéla dans leur stratégie et dans leur tactique.

Le résultat des grandes reconnaissances allemandes à Dinant, et même auparavant celle de Mangienne, au nord de Verdun, avaient dû porter l'espoir des chefs allemands aux degrés les plus élevés.

Dans la première (Mangienne, les 11 et 12 août), les contre-reconnaissances françaises avaient été terribles — non moins de mille prisonniers et aussi quelques canons furent pris là par les Français. Cela devait encourager les Allemands en leur indiquant un effort prononcé des Français vers le Nord. A Dinant, les 14 et 15 août, ce fut mieux encore. Là, en territoire belge, et tout près de Namur, un imposant contingent allemand — une véritable petite armée, avait été littéralement balayée par ce qui paraissait être un corps d'armée complet, un grand nombre de batteries de campagne françaises ayant pris part au combat, tandis que les Allemands n'avaient que des mitrailleuses. (Dans les mouvements rapides en pays ouvert les petits contingents sont rarement accompagnés de pièces de campagne. Dans le cas cité les Allemands ne tinrent pas compte évidemment de la mobilité des « 75 » francais.)

Certes, un corps d'armée ne s'avance généralement pas seul si loin de sa propre frontière. Il est d'habitude accompagné, ou suivi, de plusieurs autres. Les Allemands conclurent qu'une avance générale des Français en Belgique avait commencé. Ils en furent convaincus le jour suivant — le 16 août — lorsqu'une autre reconnaissance allemande, partie de Huy, se heurta à des troupes françaises à Gembloux qui avaient elles aussi un fort complément d'artillerie de campagne; et qui d'ailleurs, le 17 août, après un combat très vif, reprirent Gembloux. Les nouvelles annonçant la présence de troupes françaises, en grand nombre, à Bruxelles et qu'on disait même en contact avec l'armée belge à Louvain, étaient persistantes. L'attaque tant attendue des Français dans les Ardennes pouvait avoir lieu d'un moment à l'autre.

Les chefs allemands, brûlant d'impatience et d'énervement dans l'attente de la victoire certaine, décidèrent qu'il était bien temps de frapper. Et ils attaquèrent, mais tout d'abord dans le nord de la Belgique, car ils ne voulaient pas manquer l'occasion de riposter dans les conditions les plus favorables aux armées françaises du centre. Ils savaient que ces armées se rassemblaient à Montmédy et à Sedan — selon l'opinion de l'état-major allemand elles devaient certainement être prêtes, mais elles paraissaient prendre un temps infini à rejoindre leurs positions. Leurs avant-gardes devaient certainement avoir atteint les rives de l'Ourthe — pourtant elles n'avaient pas encore passé la frontière, tandis que d'autre part leur aile gauche marchait sûrement à sa perte ! Dinant et Gembloux n'étaient-ils pas là pour le prouver ? Selon les Allemands, il devait y avoir au moins un corps d'armée français à Namur, ou aux environs, sans compter ceux qui devaient être occupés à prendre leurs positions entre la Sambre et la Meuse. Von Kluck donna l'ordre d'attaque et von Bulow et von Hausen l'imitèrent peu après. La tâche principale de von Kluck était de maintenir et de cerner l'armée belge. Celle de von Bulow était de se porter rapidement entre l'armée belge et un nombre imaginaire de corps d'armée français qui devaient se trouver au sud des Belges. Bulow devait également soutenir l'armée de von Hausen, qui, venant de l'Est, avait pour mission d'emporter rapidement la place de Namur. Ainsi les Allemands disposeraient en même temps et de l'armée belge et de l'aile gauche française. Pendant le développement de ces opérations, les armées françaises du centre se verraient contraintes de pousser rapidement l'attaque afin de dégager la situation dans le Nord. Elles seraient immédiatement assaillies par les armées de Wurtemberg et du Kronprinz, tandis que la retraite leur serait coupée dans la direction de la Meuse par les forces de von Hausen et de von Bulow opérant plus au Nord.

C'est ainsi seulement que peut s'expliquer une situation qui autrement serait incompréhensible, et l'on saisit bien alors pourquoi l'armée du Kronprinz fut postée dans le Luxembourg. En effet, on s'explique sa mission : dès que l'aile droite allemande aurait accompli sa tâche (celle de cerner et de détruire l'aile gauche française), le Kronprinz n'aurait plus qu'à marcher sur Verdun et Reims, établir dans cette direction sa liaison avec l'armée de Bavière qui à ce moment-là, les Allemands ne pouvaient en douter, aurait forcé son passage par la Trouée de Mirecourt et serait arrivée à Châlons. De Châlons les deux futurs monarques devaient marcher sur Paris, en laissant aux armées allemandes des deux ailes le soin d'achever les armées françaises battues.

Dans le Nord, von Kluck accomplit très bien sa tâche; toutefois, l'armée belge en rase campagne, sut combattre mieux qu'il ne s'y attendait. La stratégie des Belges peut avoir été défectueuse, et leur méthode de tactique a laissé peut-être à désirer, mais on est d'accord pour reconnaître la valeur, l'endurance et le courage qu'ils déployèrent. Von Kluck les attaqua très vigoureusement à Aershot; mais il ne parvint pas à leur couper la retraite sur Anvers.

L'attaque de front néanmoins réussit; mais ne fut d'aucune utilité, stratégiquement, si ce n'est qu'elle permit à Kluck de poursuivre sa marche et de prendre possession de la capitale belge. L'armée belge se retira en bon ordre sur Anvers et comme elle n'était pas défaite, les Allemands se virent obligés d'immobiliser des forces suffisantes pour lui faire face.

Quand von Kluck entra à Bruxelles, *il n'y trouva pas de troupes françaises*[1]; mais il put croire

[1] Il faut bien tenir compte ici que Kluck entra à Bruxelles le jour même où Hausen attaqua Namur (20 août). Voir aux chapitres IV et V ce qui s'est dit au sujet du retard des Allemands à attaquer Namur.

qu'à son approche, elles avaient évacué la ville en toute hâte.

De son côté, von Bulow, en campagne avec la 2e armée, fut très surpris lui aussi de ne pas rencontrer les Français en forces considérables au nord de la Sambre — ses avant-gardes se heurtaient à des détachements qui se déployaient dans le pays accidenté, et leur infligeaient des pertes cruelles en les attirant dans des embuscades. Mais le plus désespérant pour les Allemands, c'est que rien ne semblait encore indiquer la présence des Français dans Namur même.

Les armées françaises, ou plutôt le gros de ces armées, se trouvait encore sur la frontière. Ce ne fut que le jour même où les Allemands commencèrent l'attaque de Namur et qu'ils firent leur entrée à Bruxelles, que le gros des troupes françaises se porta en avant, de concert avec l'armée britannique, laquelle ayant achevé sa concentration sous le couvert de la forteresse de Maubeuge, s'avança rapidement dans la direction de Mons.

La situation de l'aile droite allemande était alors précaire ; elle avait atteint la limite extrême de son déploiement avant d'avoir accompli quoi que ce soit de défini ou de décisif. Elle s'était lancée en avant à l'aventure, trébuchant sur les obstacles, et maintenant elle avait la Meuse à dos ; les forces des alliés se trouvaient sur ses deux flancs.

Théoriquement, en termes de stratégie, *elle était cernée*.

Par bonheur pour les Allemands, leurs chefs ne furent pas longs à se rendre compte de leur situation périlleuse; ils comprirent tout de suite que, pour échapper à un désastre imminent, ils devaient immédiatement modifier leur plan, mais sans arrêter le mouvement vers l'Ouest qui devait se poursuivre, et devait même être accéléré pour ne pas laisser le temps aux forces françaises et britanniques d'occuper et d'organiser des positions défensives.

Il est bon de faire remarquer ici que jusqu'à ce moment-là, les chefs allemands ne savaient pas au juste où se trouvait l'armée anglaise. Ils n'ignoraient certainement pas que le corps expéditionnaire avait été débarqué en France ; mais jusqu'au 22 août, date à laquelle quelques uhlans de von Bulow rencontrèrent des vedettes en kaki à Soignies, ils ne pouvaient prévoir quels seraient ses mouvements. Les généraux allemands étaient portés à croire que les Anglais feraient partir leurs opérations de la ligne de la Scheldt[1]. Cette théorie était si bien admise à l'état-major allemand, que lorsque des uhlans de l'armée de von Kluck arrivèrent le même jour (22 août) à Tournay, ils ne cherchèrent à se renseigner qu'au sujet des Français, et ne s'enqui-

1. L'Escault.

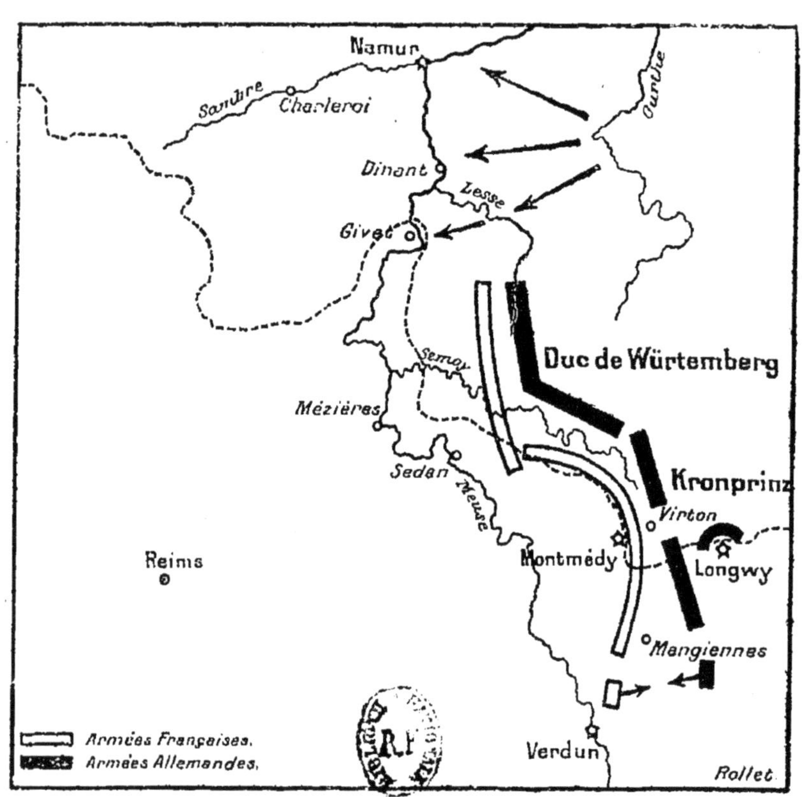

(Carte n° 8). — Bataille des Ardennes, 21-22 août.

⟶ Avance de von Hausen au 20 août.

rent même pas des Anglais qui pourtant s'avançaient non loin de cette place, mais plus à l'Ouest.

Les troupes de von Kluck en quittant Bruxelles, se déployèrent d'une part dans la direction de Gand et d'Ostende, et d'autre part vers Ath et Tournay, ce qui démontre un double dessein, celui de rencontrer « quelque chose » le long de la Scheldt, et celui de s'avancer entre ce « quelque chose » et les forces françaises qui se trouvaient à l'ouest de l'Escault.

Les Anglais n'étaient pas où les Allemands avaient pensé les trouver. Encore une fois, on peut constater comment la question de sentiment fut sagement écartée pour le plus grand bien de la direction des forces alliées.

L'invasion de la Belgique touchait les Anglais plus qu'on ne saurait l'exprimer. Le désir de délivrer immédiatement ce petit pays, cette nation héroïque, avait la première place dans le cœur de tous les Anglais, et chacun pensait que ceux qui avaient la responsabilité de la direction des opérations, seraient contraints et forcés de faire l'impossible pour mettre les forces britanniques en contact avec l'armée belge dans le plus bref délai, et qu'ils adopteraient sans hésiter la ligne de conduite qui leur permettrait d'atteindre ce but en reléguant au second plan toutes considérations d'ordre tactique ou stratégique.

La base pour opérer selon ces idées se trouvait

en territoire belge et fut utilisée plus tard pour le débarquement de la colonne anglaise qui alla au secours d'Anvers. On voit par là que les Allemands ne s'étaient pas trompés de beaucoup dans leurs suppositions ; ils n'en furent pas moins joués une fois de plus, par la tendance qu'ils avaient de ne pas croire assez en la fermeté et en l'habileté de leurs adversaires. En effet, il est de toute évidence que si les colonnes de von Kluck, au lieu de s'étendre vers l'Ouest comme elles le firent en perdant un temps précieux dans ce mouvement, s'étaient portées rapidement au Sud vers Valenciennes et Mons, le sort de l'armée sous les ordres de Sir John French aurait été réglé immédiatement. En somme, les Allemands frappèrent un grand coup dans le vide — ni les Français ni les Anglais ne tombèrent dans le piège — et si l'entrée triomphale des Allemands à Bruxelles a rempli d'orgueil le peuple allemand, les chefs des armées allemandes devaient être d'autant plus inquiets et troublés par leur sérieux échec stratégique.

En excellents tacticiens qu'ils étaient, von Kluck et les autres généraux tirèrent le meilleur parti possible d'une affaire mal engagée ; et ils s'employèrent aussitôt à réparer leur erreur.

Avant de nous occuper des affaires subséquentes de ce côté, nous allons voir ce qui se passait ou plutôt ce qui avait déjà eu lieu à l'est de la Meuse.

Car c'est dans cette région que le plan allemand pour l'anéantissement de l'aile gauche française (désastre dans lequel l'armée anglaise devait être englobée) avait dû être modifié.

Voici comment les choses se passèrent : les Allemands s'attendaient à l'avance immédiate des armées françaises du centre. Cependant le 20 août, alors que von Bulow et une partie des forces de von Hausen attaquaient Namur, ces armées n'avaient pas encore franchi la frontière ; tandis que les généraux allemands croyaient toujours — et cette illusion ne se dissipa que trois jours plus tard — que l'aile gauche française s'étendait bien au nord de la Sambre et occupait Namur. La perplexité de l'état-major allemand était profonde, il ne pouvait s'expliquer ce retard des armées françaises du centre. L'aile gauche française, selon eux, devait se trouver dans une position dangereuse — ce qui n'aurait été que trop évident si elle avait été placée dans les conditions que les Allemands imaginaient. Mais en réalité il en était tout autrement et ces armées ne faisaient encore que de se préparer à franchir la frontière !

Aux Allemands, l'occasion paraissait exceptionnelle : ils allaient pouvoir couper la retraite de l'aile gauche française en Belgique, comme ils l'avaient espéré et comme ils s'étaient préparés à le faire *plus tôt !* Il n'était plus nécessaire, en conséquence, d'attendre une attaque des Français dans les Ardennes, du reste, cette attaque, si elle avait lieu, pourrait venir trop tard, car déjà la ligne de l'Ourthe avait été abandonnée par les forces allemandes qui marchaient sur Namur par l'Est.

Ces forces devaient être renforcées dans la direction de Givet et de Dinant afin de pouvoir déborder l'aile française sur la Sambre ; et simultanément les armées allemandes du centre débouchant de leurs positions dans les forêts, écraseraient les forces qui leur seraient opposées.

C'est ainsi que, simultanément, eut lieu l'avance générale des forces adversaires dans cette région — et le choc qui en résulta sur les rives de la Lesse et du Lemoy, affluents de la Meuse, fut terrible — plus de 300.000 hommes y prirent part de chaque côté. Les 3° et 4° armées françaises sous les ordres des généraux Ruffey et de Langle de Cary comprenaient cinq corps d'armée chacune ; elles avaient contre elles toute l'armée de Wurtemberg (cinq corps) et au moins la moitié de l'armée du Kronprinz opérant du côté du Luxembourg et de la Wœvre. Il est intéressant de faire remarquer que le kronprinz d'Allemagne s'attendait à l'écrasement complet des Français dans les Ardennes, et se tenait prêt à marcher sur Verdun et Reims, conformément au plan original. Pour bien s'en rendre compte, il ne faut pas perdre de vue que cela se passait le jour même de la défaite des Français à Saarburg (le 21 août) et que si les Allemands ne pouvaient reporter en Belgique les corps d'armée qu'ils avaient envoyés en Lorraine, il est certain que tous les généraux allemands étaient en communication les uns avec les autres, et étaient immédiatement informés par von Moltke, le chef de l'état-major général, de tout ce qui se passait sur tous les autres points du front. Le Kronprinz savait par conséquent que l'armée de Bavière avait battu Castelnau en Lorraine, et que l'armée bavaroise avançait pour percer la ligne de concentration française à la Trouée de Mirecourt, avec l'intention d'atteindre Châlons. C'est à Châlons que devait avoir lieu la jonction des armées allemandes du centre, et c'est de ce point que devait partir la marche triomphale sur Paris.

Nous avons pu voir, par la suite, que la Trouée de Mirecourt ne fut pas percée par les Bavarois, et que la défaite des Français dans les Ardennes, toute sérieuse qu'elle fut, ne fut pas cependant décisive, ni même complète.

Surpris par le nombre des Allemands qui leur étaient opposés, et gênés par les difficultés du terrain, les généraux français, il faut bien en convenir, perdirent un peu la tête, le général Ruffey surtout fut pris au dépourvu lorsqu'en s'avançant sur Neufchateau, il se trouva dangereusement débordé dans la direction de Longwy et de Virton. Il y eut encore d'autres motifs de déconvenue qui sont signalés dans le résumé officiel français de la campagne. (Il y eut dans cette affaire des erreurs individuelles et collectives, des imprudences commises sous le feu de l'ennemi, des divisions mal engagées, des déploiements inconsidérés et des retraites précipitées, un gaspillage prématuré d'hommes et une regrettable inexpérience de certains de nos effectifs et de leurs chefs, aussi bien dans l'emploi de l'infanterie que de l'artillerie. En conséquence de ces fautes, l'ennemi profitant du terrain difficile, sut tirer le maximum de bénéfice des avantages que lui donnait la supériorité de ses cadres subalternes.)

On ne saurait être plus franc ni plus impartial. Mais l'expression : maximum de bénéfice, doit être prise dans le sens *tactique*, car au point de vue *stratégique*, les Allemands ne tirèrent aucun profit de leur victoire.

Les Allemands auraient pu obtenir le maximum de bénéfice, si les chefs subalternes français ainsi que les troupes qui étaient sous leurs ordres avaient tous été également incompétents. Mais il s'en trouva au moins un parmi eux, le général Sarrail, qui avait l'âme et les capacités d'un grand chef ; et le corps qu'il commandait, le 6e, était justement celui qu'il avait instruit tout particulièrement à Châlons. Le 6e corps (pendant que les autres troupes se retiraient au delà de la frontière sous la pression de l'ennemi) reprenant l'offensive, décocha une si vigoureuse pointe au Kronprinz à Virton, que les Allemands dans cette région furent arrêtés complètement après avoir subi de grandes pertes. Le général Sarrail, deux jours après, remplaçait le général Ruffey à la tête de la 3e armée ; et pendant la grande retraite qui suivit il fut chargé de la défense des approches de Verdun, le grand « Camp retranché » du nord-est de la France. Nous verrons plus tard avec quelle habileté le général Sarrail s'acquitta de sa tâche.

Il nous reste maintenant à expliquer comment il s'est trouvé que le général Joffre, en dépit de ses efforts en Lorraine et en Alsace, ne parvint pas à obtenir la supériorité du nombre qu'il s'était efforcé d'acquérir sur le territoire belge ; supériorité qui, en dépit de l'insuffisance tactique de certains de ses subordonnés, aurait pu assurer aux Alliés une prompte et décisive victoire. Le général Joffre fut mal informé, dès le début, au sujet du nombre des armées allemandes dirigées contre lui. Une information russe, provenant d'une source digne de foi, fixait à *six* le nombre des armées allemandes sur le théâtre occidental de la guerre, ce qui laissait supposer que les forces allemandes opérant contre la Russie étaient beaucoup plus considérables qu'elles ne l'étaient en réalité. D'autres rapports semblaient confirmer cette information. Par exemple, on apprit que l'une des armées allemandes destinées à la Pologne était l'armée de Saxe. Les officiers saxons firent même des protestations publiques à ce propos, disant qu'ils avaient espéré être envoyés au pays du bon vin et de la bonne chère, tandis qu'on allait les mener mourir de faim et de soif sur les steppes arides de la Russie. On finit par leur donner entière satisfaction en les dirigeant au pays de leurs rêves. On ne pourrait cependant affirmer positivement que toute cette histoire formait une machination longuement préparée dans le but de tromper l'état-major français.

Qu'il en fût ainsi ou autrement, le fait est que l'état-major français fut induit en erreur ; et ce n'est qu'après trois ou quatre semaines de guerre qu'il put se rendre un compte exact de l'importance numérique véritable des armées allemandes qui lui étaient opposées.

Une circonstance qui ferait croire encore à la probabilité d'un stratagème soigneusement et longuement préconçu et qui expliquerait le changement de destination de l'armée de Saxe pour tromper l'état-major français, c'est le choix même de la partie du front allemand réservé à la concentration de cette armée. En été, lorsque les opérations commencèrent il était difficile de faire des observations en pays de bois épais : les Saxons prirent position côte à côte avec l'armée de Wurtemberg dans la forêt des Ardennes; ajoutons encore le fait que les Saxons furent placés là sous les ordres directs du général von Hausen, qui avant la guerre était le chef d'état-major du grand-duc de Wurtemberg. En effet, aussitôt que le nom du général von Hausen parut dans la liste des généraux allemands, on supposa tout naturellement en France qu'il remplissait toujours les mêmes fonctions qu'auparavant, tandis qu'en vérité il ne commandait pas à l'armée du grand-duc de Wurtemberg, mais à un tout autre contingent, — l'armée saxonne, qui était composée de cinq corps d'armée, et qui comprenait *les gardes prussiennes ;* ceci portait *à sept* le nombre des armées allemandes concentrées sur le théâtre occidental de la guerre.

C'est ainsi que le général Joffre fut induit en erreur par le service de renseignements français et qu'il ne fut amené à découvrir la situation réelle — l'accroissement des forces allemandes par l'adjonction des corps saxons — que lorsque les armées allemandes du centre débouchèrent de la forêt des Ardennes et se lancèrent en avant pour couper la retraite à l'aile gauche française et assaillir les armées françaises du centre pour les écraser. Il faut toutefois bien se garder de conclure que le succès de cette concentration secrète fit manquer son but à la manœuvre de Joffre, et encore moins, que cette manœuvre a été futile, ou qu'elle fut exécutée en pure perte ! Car, si d'un côté le général Joffre n'obtint pas la supériorité numérique qu'il recherchait en Belgique, par contre, il a empêché les Allemands d'y maintenir cette supériorité sur laquelle ils comptaient eux-mêmes.

C'était là un résultat stratégique de la plus haute portée : trois corps d'armée allemands (au bas mot environ 150.000 hommes), furent transportés du Nord au Sud ; d'autres corps se trouvèrent immobilisés en Lorraine et en Alsace ; ce qui empêcha aux Allemands d'accomplir quoi que ce soit de décisif en Belgique — ils furent même à un moment donné, comme on le verra plus loin, à deux doigts de subir une défaite complète.

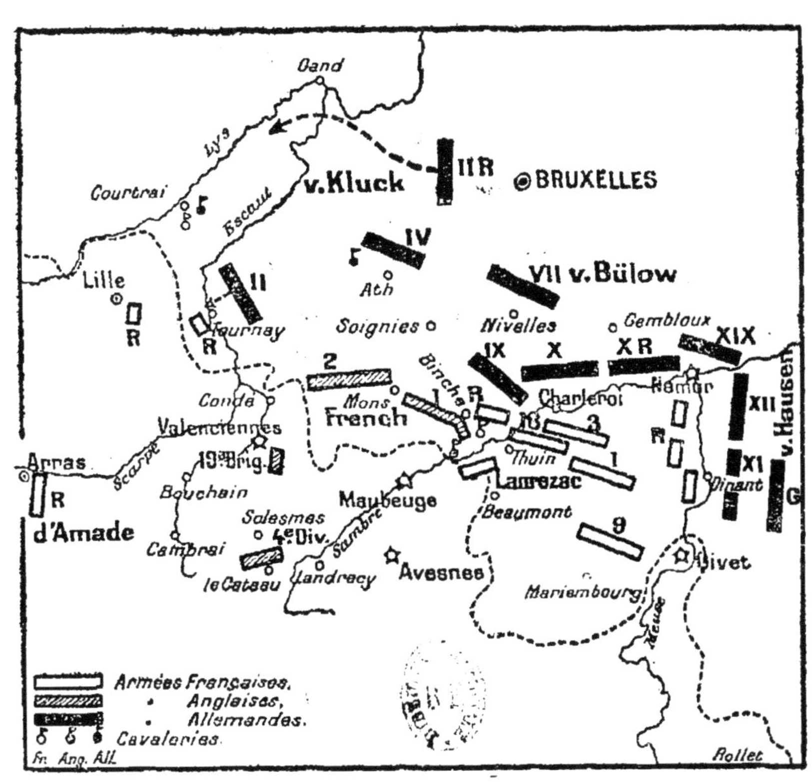

(Carte n° 9). — Bataille de Mons-Charleroi.
Situation les 22-23 août.

CHAPITRE X

LES ALLEMANDS S'ENGAGENT DANS LA TRAPPE QUE JOFFRE A DRESSÉ POUR LES ANÉANTIR, MAIS UN DE SES GÉNÉRAUX LEUR LAISSE LA PORTE OUVERTE ; ET L'EFFORT DES ANGLAIS DEVIENT INUTILE.

La bataille de Charleroi — ou de Mons, comme elle est souvent désignée — commença le 22 août ; c'est-à-dire au moins un jour entier après que de Langle et Ruffey s'étaient mis sur la défensive dans les Ardennes, et que le général de Castelnau avait commencé à battre en retraite en Lorraine. A Mons même, où l'armée anglaise s'était déployée sur des positions préparées à la hâte entre Condé, sur la frontière française, et Binche en Belgique, il n'y eut aucun engagement le 22 août. Von Kluck était à la recherche de l'armée anglaise le long de la Scheldt ; et les colonnes de l'armée de von Bulow, qui se trouvaient à l'extrémité ouest de ces lignes, cherchaient encore leur voie à l'aventure, au sud de Bruxelles. Mais à Charleroi, de très grand matin, la bataille commença.

L'armée française (général Lanrézac) occupait des positions s'étendant d'Anderlus et Thuin sur la Sambre, à Dinant sur la Meuse. Le front était donc en diagonale et non parallèle à la Sambre. Cette direction des forces françaises avait été choisie par rapport à la position de Namur qui est au confluent des deux rivières, et parce que le haut commandement français n'avait pas voulu occuper cette place qui disposait d'une garnison suffisante de troupes belges. L'attaque de Namur commença le 20 août ; et le 22, quand la bataille à Charleroi s'engageait, deux des forts de la place étaient déjà réduits. Dès maintenant nous ferons remarquer que ceci ne pouvait gêner en rien l'état-major français dont l'intention était de prendre les Allemands au piège ; et que d'autre part si ces derniers *n'attaquèrent pas Namur plus tôt qu'ils ne le firent*, c'est qu'ils croyaient que la place était déjà occupée par les Français.

La composition de l'armée de Lanrézac, comme celle des autres armées françaises, était hétérogène ; mais elle était encore plus mixte que les autres, vu qu'elle comptait une forte proportion de troupes d'Afrique, — des Arabes, des Marocains et des noirs. C'était néanmoins, sans contredit, l'armée française la plus nombreuse ; elle comptait quatre corps d'infanterie de l'active, les divisions africaines, et le corps de cavalerie superbe du général Sordet (3 divisions).

Il faut noter cependant que ce corps de cavalerie qui avait été constamment en mouvement depuis le 6 août devait alors se trouver très fatigué à la suite de ses opérations à Dinant, le long de la rive droite de la Meuse, et au nord de la Sambre à Gembloux, à Luttre et autres localités.

Il avait donc déjà été très éprouvé, mais au moment où il se repliait devant les colonnes allemandes qui s'avançaient sur Charleroi et Thuin, il était plein d'ardeur et il put encore rendre d'excellents services les 23 et 24 août, ainsi que nous le verrons plus loin.

L'armée de Lanrézac comprenait aussi des réserves, troupes de territoriale — trois divisions — moins entraînées, mais pleines d'enthousiasme et impatientes d'aborder l'ennemi. Avec une telle armée, jointe à l'armée anglaise à sa gauche, le général Joffre était convaincu qu'il remporterait la victoire. Cette victoire lui aurait été assurée, si le commandement de la 5e armée française avait été confié à un meilleur chef. Le général Lanrézac, qui la commandait, était un brillant théoricien, mais rien de plus. Jamais homme ne désappointa son chef plus cruellement que ne le fit Lanrézac. Le général Joffre était bien obligé de laisser quelque initiative à ses généraux subordonnés, sans cela il n'aurait pas eu besoin de commandants d'armées.

Le général Joffre devait se contenter d'exposer, à grands traits, ses intentions générales ; et s'en remettre pour l'exécution intelligente à ses commandants d'armées. Il lui aurait été impossible de diriger les corps d'armée et la manœuvre des divisions de cet immense déploiement de forces dont les rangs s'étendaient de la Sambre jusqu'à la frontière suisse.

Le général Lanrézac, à la tête de la 5e armée, commit des erreurs qui d'abord ne furent pas apparentes, et le général Joffre ne put s'en rendre compte que lorsqu'il était déjà trop tard pour y remédier. En premier lieu, il aurait dû occuper très fortement les deux rives de la Sambre, et non la rive sud seulement ; ou tout au moins — si son intention était de rester sur la défensive — il aurait dû détruire les ponts. Il aurait dû agir de même sur la ligne de la Meuse. Car une fois ces positions organisées de façon à pouvoir tenir contre toutes les attaques, il est évident que *le sort de l'aile droite allemande en Belgique était réglé.* La place de Namur serait devenue une souricière pour les Allemands, et l'armée anglaise opérant de Mons dans la direction du Nord, aurait placé les corps allemands qui s'étaient aventurés trop avant dans l'Ouest à la recherche de ladite armée anglaise, dans une situation très précaire.

Par contre, dès que les Allemands purent franchir les deux rivières, la situation se trouva entièrement retournée contre les Alliés, qui n'avaient plus alors qu'à se retirer pour se soustraire à l'enveloppement. Le général Lanrézac avait eu tout le temps nécessaire pour fortifier ses lignes de la Sambre et de la Meuse par de solides tranchées et il aurait dû commencer par occuper Charleroi *en force*.

Il ne fit rien de tout cela. Toutes ses positions avancées étaient faiblement tenues. Charleroi, entre autres points, n'était occupé que par un petit contingent ! Ce n'est qu'au sud de Dinant, vers Givet, que la ligne de la Meuse avait été assez fortement organisée, mais au nord, vers Namur, rien de sérieux n'avait été entrepris, si ce n'est que le général Lanrézac, apparemment après coup, envoya le 22 août un régiment d'infanterie de ligne [1] à la forteresse belge, dans quel but exact il est probable que jamais on ne le saura.

La bataille de Charleroi, en conséquence, débuta mal pour les Français, quand tout au contraire elle aurait dû commencer avec un avantage bien marqué, étant donnée l'importance de la 5e armée. Les Allemands étaient déterminés, et décidés à l'anéantissement de l'aile gauche française. Ils ne furent

1. Deux bataillons du 148e et des compagnies du 145e.

pas longs à juger de la situation et du danger que présentait leur propre position s'ils laissaient aux Français le temps de se remettre et de réparer leurs erreurs. Ils combattirent avec un acharnement désespéré; mesurant bien toutes les conséquences qu'un échec entraînerait pour eux, ils attaquèrent rapidement et aussi énergiquement qu'ils le purent de tous les côtés.

Au nord de la Sambre ils avaient deux corps d'armée. Un troisième descendait à l'ouest de Charleroi dans la direction de Binche et de Thuin. Un quatrième, le 7e corps, était encore loin en arrière, sur la route de Bruxelles à Nivelles ; il viendrait à la rescousse à moins qu'il ne poursuivît sa marche sur Mons. A l'est de la Meuse toute l'armée de von Hausen (la 3e armée) avec la garde prussienne, s'avançait.

La ville de Charleroi fut couverte d'obus. Les faibles détachements français qui s'y trouvaient firent ce que des correspondants de journaux, de leurs plumes descriptives, dépeignirent comme une sortie des temps héroïques. En réalité, ce fut là un sacrifice inutile d'hommes, un gaspillage sans objet de braves. Du moment que Charleroi n'était pas convenablement occupé il eût été préférable de se replier tout de suite sur les positions principales, ou même plus loin jusqu'à la frontière. Alors seulement, Lanrézac en constatant les efforts des Allemands sur ce point, parut se rendre compte de l'importance de Charleroi, et le 23 août, il tenta à trois reprises différentes de reconquérir la place. Mais ce fut en vain. Le seul résultat de ses efforts fut de remplir de morts les rues de la ville.

On ne saura peut-être jamais les pertes que subit le 3e corps d'armée français qui combattit là.

Mais ce qui parut inquiéter le plus Lanrézac c'est l'attaque de flanc de von Hausen. En réalité, il n'aurait pas dû se laisser préoccuper par cela. Les troupes d'Afrique étaient rangées le long de la Meuse, et pouvaient infliger des pertes terribles aux Allemands, comme elles le firent plus tard, le jour suivant, lorsqu'elles se trouvèrent dans une situation beaucoup moins favorable.

Tout ce que le général français devait faire était de rassembler toutes ses forces sur les lignes principales, au sud de la Sambre, et de disputer les passages de la Meuse à von Hausen. Les Français, en agissant ainsi, auraient encore eu des chances de remporter la victoire et d'écraser le corps de von Bulow qui se trouvait dans l'Ouest entre les Anglais et eux. Au lieu d'agir ainsi, Lanrézac se contenta de replier son aile droite, en laissant aux Allemands libre passage sur la Meuse à Dinant et au nord de cette ville.

Après cela, la possibilité d'une victoire française en territoire belge, était mise hors de question.

Et les troupes britanniques allaient maintenant se trouver dans une situation périlleuse.

Le combat à Mons — ou plutôt à Binche, s'engagea seulement le 23 août vers midi — c'est-à-dire un jour entier après que Lanrézac se fut en quelque sorte laissé enlever tous les passages sur la Sambre. A ce moment-là, la 5e armée française n'était pas encore dans une situation désespérée puisque Lanrézac n'avait pas encore replié son aile droite de la Meuse. Le corps d'armée allemand qui vint aux prises avec les Anglais à l'est de Mons était le 9e corps de l'armée von Bulow, dont une division était déjà engagée avec les Français à Anderlues. Ce corps avait comme objectif la forteresse de Maubeuge, sur les derrières de l'armée anglaise. Sa marche en avant se trouva entravée par les Français qui l'attaquèrent de flanc, violemment, du côté de Thuin; et si l'on juge par la réception que les Anglais lui firent peu après on ne peut douter un seul instant du sort qui l'attendait : il aurait été anéanti ou pris, *si seulement les Français avaient pu tenir à Charleroi*. Au lieu de cela, lorsque l'attaque ennemie se développa contre les Anglais, Charleroi était déjà solidement occupé par von Bulow. Sur le reste du front britannique au nord et à l'ouest de Mons, il y eut aussi quelques engagements dès l'aurore, mais ce n'étaient que des affaires détachées, le gros des troupes ennemies qui agissaient de ce côté-là se trouvant encore fort loin en arrière, à Nivelles et à Ath ; ce jour-là, sur cette partie de la ligne, le 1er corps anglais, sous les ordres de Sir Douglas Haig, qui occupait des positions retranchées devant Binche et Peissant, eut à fournir les principaux éléments de combat.

La bataille débuta très favorablement pour les Anglais. Les troupes, après la réception enthousiaste qui leur fut faite à Boulogne et sur tout le parcours de la route, étaient pleines d'entrain, et se sentaient capables de battre tous les ennemis qui se présenteraient, quels qu'ils fussent.

De leur côté, les Allemands, animés maintenant d'une haine toute spéciale et particulière pour l'Angleterre, étaient tout aussi pressés de se rencontrer avec les fils d'Albion. Pour ces motifs, la rencontre devait être des plus formidables, et l'avantage devait se trouver nettement du côté des Anglais, qui s'étaient soigneusement retranchés et qui n'étaient pas encore débordés par la supériorité numérique de l'ennemi. En outre, la tactique et la grande précision du tir de l'infanterie anglaise dut être une véritable révélation pour les Allemands, qui furent facilement décimés par centaines avant de pouvoir infliger de sérieuses pertes en retour; en vérité, lorsqu'ils infligèrent des pertes à leurs adversaires, ce fut surtout par l'effet de leurs canons, et non par la mousqueterie. Le feu de l'infanterie de Sir John French produisit une impression si marquée dans les rangs serrés de l'ennemi qu'il semblait n'y avoir qu'à continuer et poursuivre une partie à ce point satisfaisante. La supériorité de l'infanterie anglaise était si prononcée que lorsque tard dans l'après-midi Sir John French reçut soudainement l'avis du général Joffre l'informant de la retraite de la 5e armée française et le prévenant du nombre de corps allemands qui se trouvaient à l'ouest de Charleroi, et dont la proximité devenait maintenant un danger pour l'armée anglaise, il en fut contrarié, et il voulut faire vérifier par ses aviateurs la véracité de l'information que lui communiquait la seconde partie du message. Il est certes bien pénible de voir la victoire pour ainsi dire à portée de la main et d'avoir à lui tourner le dos en abandonnant le champ de bataille à l'ennemi pour des motifs qui vous sont étrangers. C'est pourtant la situation douloureuse, dramatique, tirant sur le tragique, dans laquelle se trouva l'armée anglaise.

Sir John French était peu disposé à rompre une action qui avait si bien débuté pour lui. A ce moment-là il dut se trouver dans le même état d'esprit que le duc de Wellington à Waterloo :

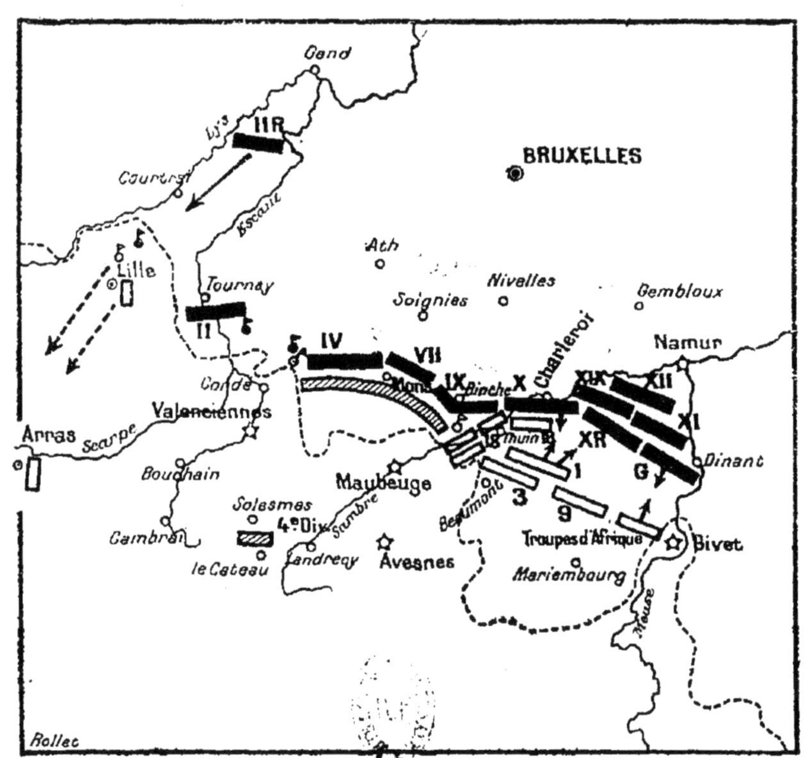

(Carte n° 10). — Bataille de Mons-Charleroi.
Situation le 24 août (matin).

« Que pensera-t-on de nous en Angleterre si nous nous retirons sans même attendre la première attaque des Prussiens ? » Et il espérait sans doute, qu'entre temps quelque chose surviendrait, ou que, tout au moins, il apprendrait que le général Joffre avait été mal informé sur l'importance des forces allemandes dans le Nord. Sir John French n'interrompit donc pas ses opérations, quoique dans son esprit il s'y prépara pour le cas où cela deviendrait absolument nécessaire. Il se contenta d'ordonner des reconnaissances à ses aviateurs.

Malheureusement pour lui le général Joffre n'avait été que trop bien informé. De fait, c'était justement sur ses renseignements recueillis avec soin sur l'importance des forces ennemies, que le général Joffre avait établi son plan original qui avait pour but d'attirer l'aile droite allemande aussi loin dans l'Ouest que possible, afin de l'écraser. Mais, dès l'instant que, par la faute d'un subordonné incompétent, Joffre se voyait enlever son pivot de manœuvre sur la Meuse, la situation était toute autre, et non seulement son plan devenait irréalisable, mais encore l'importance même des forces allemandes à l'ouest du fleuve mettait les Alliés dans une position très désavantageuse, pour ne pas dire pis.

Si jusqu'à ce moment-là les Allemands n'avaient pas pu couper l'aile gauche française, maintenant ils pourraient bien la cerner, et l'armée anglaise aussi !

Le retard apporté à la retraite des forces britanniques fut presque fatal.

Depuis le 23 août au matin, les généraux allemands, informés des positions exactes de l'armée de Sir John French, se hâtèrent d'amener leurs forces contre ces positions ; les Allemands arrivèrent du Nord, de l'Est et de l'Ouest.

Le 7e corps (von Bulow) s'avançait en toute hâte de Nivelles. Le 4e corps (von Kluck) approchait aussi, ayant déjà quitté Ath. Cependant le 2e corps (von Kluck) engagé à ce moment à Tournay avec une division de territoriale française, fut encore retardé de ce côté-là par la nouvelle qui lui parvint d'un grand combat de cavalerie qui se livrait au nord de Lille, près de Courtrai.

Ce combat, au cours duquel le neveu du Kaiser, comte von Schwerin, fut fait prisonnier, donna le change à von Kluck en lui faisant croire que des forces françaises considérables étaient postées à Lille et même le long de l'Escault ; ces forces pouvaient le prendre de flanc et rendre périlleuse sa marche vers le Sud. Von Kluck ne se rendit compte de son erreur que le jour suivant, le 24 août. Le grand combat en réalité se réduisait à une vive rencontre entre quelques escadrons de uhlans qui parcouraient les rives de la Lys, et un détachement de cavalerie française basé sur Lille ; cependant ces reconnaissances des uhlans dont le rayon d'action s'étendait jusqu'aux environs d'Ostende, n'avaient pu signaler la présence d'aucun groupement important de forces ennemies à l'ouest de l'Escault.

A cette date Sir John French avait déjà commencé son mouvement de retraite à Mons. Ce ne fut que ce jour-là que l'avant-garde du 2e corps d'armée allemand arriva à Condé, en marche sur Valenciennes.

A ce moment-là von Kluck était tellement pressé de rattraper les Anglais qu'il n'accorda aucun repos à ses troupes ; il poussa sa cavalerie en avant à la plus vive allure, dans la direction de Bouchain et de Cambrai. Combien il dut déplorer le temps perdu à Tournay! Une pareille occasion ne se présenterait peut-être plus jamais. Il ne perdit cependant pas tout espoir; il pensait quand même tenir les Anglais à sa merci, car il recevait d'heure en heure des communications de ses collègues l'informant que les Anglais se trouvaient immobilisés à Mons, qu'il leur était impossible de se retirer ; que le 9e corps allemand, quoique très éprouvé, et que le 10e corps sans doute aussi, qui avait été maltraité à Charleroi, atteindraient Maubeuge avant les Anglais si ces derniers se mettaient en retraite.

Cet espoir était fondé sur la conviction que les Français, placés eux-mêmes dans une situation très délicate, entre la Sambre et la Meuse, n'hésiteraient pas à filer sans s'arrêter, jusqu'à leur propre frontière, et qu'ils abandonneraient ainsi leurs alliés à leur triste sort. La fuite des Français donnerait aux corps allemands susnommés le champ nécessaire pour se déployer autour des Anglais, et leur laisserait la voie libre sur les rives de la Sambre, jusqu'à la forteresse de Maubeuge.

Si les Allemands ont cru vraiment que les Français étaient battus, — battus dans toute l'acception du mot, — ils se sont leurrés piteusement ; et si par surcroît, ils se sont imaginés, ce qui est probable, que le général Joffre était capable de commettre l'infamie d'abandonner les Anglais en mauvaise posture, ils se sont alors trompés encore davantage.

Dans la nuit du 23 au 24 août, la 5e armée française en retraite s'arrêta sur la ligne Beaumont-Givet ; et, d'une part pour diminuer la pression formidable qui s'exerçait contre les Anglais à Mons, et d'autre part, pour empêcher les Allemands d'atteindre Maubeuge avant les Anglais, l'armée française se maintint coûte que coûte sur cette ligne d'où elle lança les contre-attaques les plus acharnées. Celle des divisions algériennes qui fut déchaînée contre les gardes prussiennes, qui avaient passé la Meuse à Dinant, demeurera à tout jamais un fait d'armes mémorable, car dans cette affaire le corps d'élite allemand éprouva des pertes inouïes. Son chef, baron von Plattenberg, y trouva la mort, et dans un seul régiment 1.800 hommes furent mis hors de combat. Les troupes d'Afrique, elles aussi, éprouvèrent des pertes sérieuses. Mais une autre contre-attaque, plus importante au point de vue des Anglais, fut cependant moins remarquée car elle fut exécutée par une troupe moins pittoresque, un corps d'infanterie de ligne — le 1er corps français — dont le chef, le général Franchet d'Espérey, était un meneur d'hommes de la même trempe que Sarrail, qui avait sauvé la situation dans les Ardennes, en un brillant combat, à Virton.

Le général Franchet d'Espérey mena ses troupes avec une maîtrise consommée ; presque tous les villages au sud de Charleroi, jusqu'aux approches mêmes de cette place, furent repris. Si l'on ne put s'y maintenir longtemps, néanmoins le but principal fut atteint : les Anglais et les Allemands arrivèrent à Maubeuge *simultanément.*

Le commandement de la 5e armée passa immédiatement au général Franchet d'Espérey, qui remplaça ainsi le général Lanrézac mis en disponibilité.

Malgré l'appui stratégique des Français que

nous venons de signaler, et des opérations tactiques de grande envergure tout le long des rives de la Sambre, opérations qui furent effectuées dans les journées des 23 et 24 août par le général Sordêt et le 18° corps d'armée français, il n'est pas douteux que l'armée anglaise en face de forces supérieures, débordée comme elle l'était, n'aurait jamais pu se tirer de sa situation critique, si ses chefs de corps n'avaient été d'aussi parfaits tacticiens.

Avec Sir John French, Sir Smith Dorrien et Sir Douglas Haig, l'Angleterre avait réuni un trio admirable, auquel elle pouvait sans appréhension confier le sort d'une armée — et il faut aussi admettre que si la France avait eu un pareil trio à la tête de sa 5e armée, les batailles de Mons et de Charleroi auraient été de grandes et décisives victoires.

Cependant, les critiques, trop souvent dans leurs comparaisons perdent de vue que peu de généraux de l'armée française avaient eu la pratique de la guerre, ce qui en était de même pour les officiers et les soldats.

Tandis que les hommes de l'armée anglaise avaient, presque tous, de longues années de service actif, et l'habileté de leurs officiers et de leurs généraux avait été éprouvée au feu des combats dans l'Inde, au Sud-Afrique et ailleurs. Il est probable que jamais unité tactique meilleure que l'armée qui s'opposa aux Allemands à Mons, ne se trouva réunie auparavant sur un champ de bataille.

Les procédés tactiques qu'employa Sir John French en se retirant de ses positions avancées à Mons ne manquent pas d'intérêt. En premier lieu, Sir John French, ayant noté la prépondérance de la cavalerie ennemie dans l'Ouest, transféra rapidement la plus grande partie de ses troupes montées de son aile droite à l'aile gauche ; et ainsi les superbes escadrons du général Allenby, par leurs charges répétées contre le flanc de l'assaillant, réduisirent sensiblement la pression qu'exerçaient les Allemands sur le corps de Smith Dorrien, lorsque celui-ci se replia de Mons.

Puis, pour éviter tout empiètement de ces troupes sur celles de Douglas Haig, qui avait évacué Binche, Sir John French ordonna deux contre-attaques convergentes aux divisions de Douglas Haig, comme s'il avait décidé de reprendre Binche en l'attaquant du Sud et de l'Ouest.

Non seulement ces mouvements retardèrent l'ennemi de ce côté, mais ils eurent encore pour effet de laisser assez d'espace au 1er corps pour lui permettre d'effectuer son mouvement de retraite en bon ordre, tout en restant entièrement déployé.

C'est ainsi que Sir John French, habilement secondé par ses chefs de corps, fut à même de se retirer le soir du 24 août, sur la ligne Jenlain-Maubeuge, après n'avoir subi que le strict minimum de pertes pour une opération de ce genre.

Les pertes anglaises pendant les quatre jours de combat (du 23 au 26 août) s'élevèrent de 6.000 à 8.000 hommes. Les pertes de la 5e armée française pour la même période ont été évaluées de divers côtés à 20.000 et 30.000 hommes ; tandis que celles de von Kluck, de von Bülow et de von Hausen se seraient chiffrées, dit-on, à plus de 80.000 hommes, dont la plus grande proportion reviendrait à l'action sur le front des lignes anglaises.

Le danger était encore loin d'être conjuré, et tandis que les Français barraient le chemin aux Allemands sur les lignes de la frontière, les Anglais plus au Sud allaient se voir exposés à une nouvelle attaque plus formidable encore que la première.

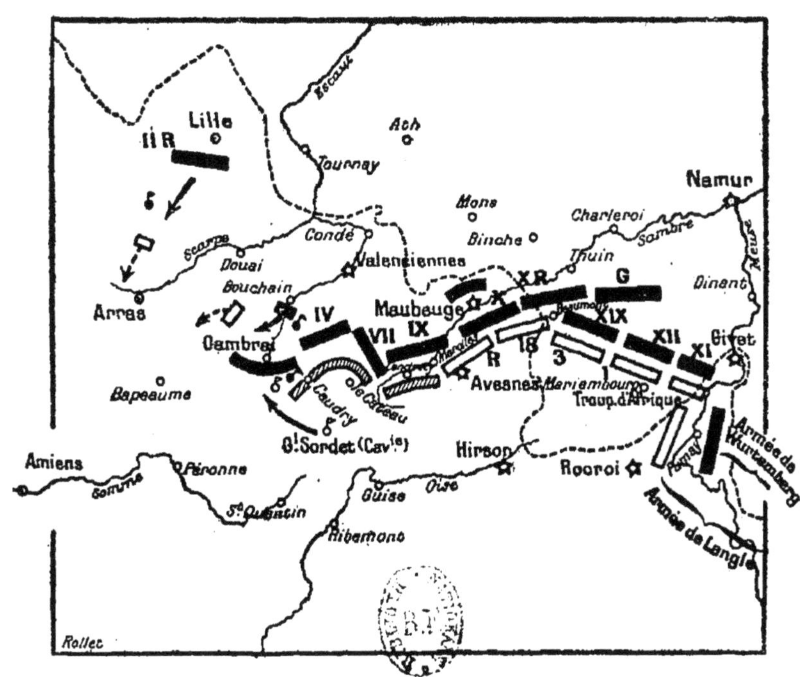

(Carte n° 11). — Bataille de Cambrai (26 août).

CHAPITRE XI

LES ALLEMANDS, FRUSTRÉS DANS LEUR DESSEIN DE PRENDRE LES FRANÇAIS AU PIÈGE EN BELGIQUE, ÉVITENT LE PIÈGE QUE LEUR TENDAIENT LES FRANÇAIS ; CONTRAINTS DE COMBATTRE SUR DES LIGNES PARALLÈLES, ILS TENTENT DE SÉPARER ET D'ENVELOPPER LES ANGLAIS : ILS N'Y PARVIENNENT PAS ; LES ANGLAIS REGAGNANT CONTACT AVEC LES FRANÇAIS DE CHAQUE CÔTÉ.

Le 25 août est une date à retenir, car elle marque l'*avortement de tous les plans initiaux des chefs allemands.*

A cette date la première tentative ennemie contre la ligne de défense française de l'Est avait échoué définitivement; le kronprinz d'Allemagne était arrêté, et même repoussé, par le général Sarrail, dans la Wœvre et dans le Luxembourg belge; le grand-duc de Wurtemberg ne parvenait point à immobiliser ni à entourer l'armée du général de Langle de Cary dans les Ardennes, comme il l'avait espéré; von Hausen et von Bulow ne réussissaient pas à séparer et à écraser la 5e armée française entre la Sambre et la Meuse ; et finalement, von Kluck et von Bulow échouaient dans leur tentative d'immobiliser les Anglais sur leurs lignes de Mons, afin de leur couper la retraite sur Maubeuge.

Ainsi, après l'espérance d'une victoire prompte et décisive, les Allemands arrivaient sur le territoire français sans avoir accompli autre chose que la réduction, chèrement achetée, de deux forteresses et l'occupation de régions jonchées maintenant de leurs tués, et de leur matériel avarié ou détruit. Des villes, des villages étaient en flammes derrière eux ; dans les centres importants l'envahisseur pouvait sans vergogne imposer des contributions de guerre et obtenir des ravitaillements. Il jouissait, par le fait, de l'avantage que l'on tire lorsqu'on combat en pays ennemi ; mais là s'arrêtaient ses gains stratégiques ; les armées opposées, qu'avec une confiance sans égale, il s'était promis de détruire, étaient intactes, inébranlables ; au surplus, ces armées avaient moins souffert que les forces allemandes.

Dans le nord, autour d'Anvers, les Belges tenaient ferme et reprenaient même l'offensive ; dans l'ouest, à Ostende, un détachement auxiliaire anglais débarquait pour aider les Belges, et, de ce fait, embarrassait les stratèges allemands ; dans le sud, tout le long de la frontière française, de nombreuses et superbes armées tenaient l'ennemi en échec; tandis qu'à Lunéville la lutte opiniâtre le long des rives de la Meurthe et de la Moselle, tournait distinctement à l'avantage des Français.

Les généraux allemands devaient alors se sentir peu sûrs d'eux. Ils avaient compté sur un succès rapide et foudroyant, succès qui aurait résolu leur problème immédiatement, et fait pour eux de l'invasion de la France, une partie de plaisir plutôt qu'une tâche. Ce succès leur avait échappé. Jusque-là, tous leurs coups avaient manqué leur but, non par la faute de chefs subalternes qui auraient pu mal diriger leurs unités, puisqu'au contraire on avait obtenu des avantages tactiques sur presque tous les points, mais par la stratégie, surprenante, déconcertante, de Joffre — Joffre, un Français, et un Français du Midi par-dessus le marché — c'est-à-dire un homme qui, au point de vue allemand, aurait dû se révéler d'un tempérament tout autre, d'esprit déséquilibré et surexcité à l'extrême, tandis que la direction de ses armées montrait qu'il avait, au contraire, du sang-froid et de la détermination.

Passant en revue les événements depuis le jour où ce chef merveilleux avait frappé un coup si inattendu en Alsace, l'état-major allemand était forcé d'admettre qu'au point de vue des résultats stratégiques, l'armée allemande se retrouvait simplement à son point de départ, que les tables se retournaient lentement, mais visiblement, contre elle, et enfin que le projet de conquérir et de subjuguer la France était une affaire beaucoup plus sérieuse que l'on ne l'avait pensé de prime abord. Les envahisseurs ne pouvaient pas, cette fois-ci, se servir du réseau des chemins de fer de l'Est, qui leur avait été si utile en 1870; et à défaut de ces lignes de communications plus courtes, Paris, l'objectif final des Allemands, ne pouvait être atteint directement que par le Nord; en conséquence il fallait disposer des armées françaises en Champagne, les cerner ou les détruire, avant de procéder à l'investissement de la capitale, autrement une attaque dirigée contre un camp retranché aussi formidable serait une entreprise des plus périlleuse ; car cela constituerait un facteur moral des plus puissants pour les troupes françaises non vaincues. L'état-major allemand se souvenait encore comment, en 1870, les « mobiles » de France si mal instruits pourtant, s'étaient battus pendant le siège de Paris.

Si le prince héritier de Bavière avait réussi à forcer la trouée de Mirecourt, et si le kronprinz d'Allemagne avec ses six corps d'armée n'avait pas été repoussé aux portes mêmes de Verdun, les Allemands auraient pu couper les communications des armées françaises du Nord. Le 25 août, l'état-major allemand avait perdu tout espoir d'accomplir cette tâche, et en échange il se trouvait dans l'obligation d'adopter une nouvelle alternative — grandiose, colossale dans sa conception, mais destinée à échouer, parce que, comme toutes les alternatives qui l'avaient précédée, elle ne tenait aucun compte de l'habileté stratégique et des ressources des adversaires.

Si l'Allemagne avait eu affaire à des ennemis qui auraient fait ce qu'elle voulait ; si, par exemple elle n'avait eu à combattre que les experts de journaux, tout aurait bien marché pour l'Allemagne. L'Allemagne aurait réussi. L'Allemagne aurait vaincu.

Le nouveau plan n'était, en réalité, qu'une modification du premier, mais il visait, au moins en ce qui concernait les armées françaises du Nord, à l'enveloppement pur et simple des dites armées. Quand, sous la pression des événements, ce plan fut élaboré, l'enveloppement devait avoir lieu sur les falaises et les plaines de la Champagne — c'est-à-dire très loin de Paris — ce qui démontre que l'idée populaire d'une marche des Allemands sur Paris est absolument erronée, puisque les grands chefs allemands n'avaient nullement l'intention d'attaquer la capitale de la France tant qu'il resterait des armées nombreuses et entreprenantes, non encore battues, pour la protéger.

Cette alternative « d'enveloppement » était imposée aux Allemands par la retraite des Français et des Anglais de la Sambre et de Mons, cette retraite ayant astreint les armées allemandes, *contrairement aux désirs de leurs chefs*, à une ligne d'attaque *nettement parallèle*. Bien que les Allemands pussent encore continuer, comme ils le faisaient, à tenter des « incisions » sur divers points — sur la Meuse, dans la Wœvre, et en Lorraine — cette tactique de détail ne pouvait avoir la portée et le poids des grandes attaques de flanc : comme celles de von Hausen à Dinant le 23 août, par exemple ; ou celle du Kronprinz le même jour dans les Ardennes et dans la Wœvre. Tandis que ces grandes attaques de flanc constituaient des opérations complètes en elles-mêmes visant à des résultats importants et décisifs, les nouveaux efforts, plus réduits, ne formaient que les éléments éphémères d'un plan beaucoup plus ambitieux. Les armées françaises étant maintenant en lignes parallèles avec les Allemands n'avaient plus de flancs offerts aux attaques, sauf aux deux extrémités. Le flanc droit reposait sur de forts obstacles, le flanc gauche seul, qui ne reposait sur rien, était quelque peu exposé ; par conséquent, ce n'est que sur celui-ci que l'alternative allemande pouvait être appliquée, car les Allemands avaient là une supériorité numérique prononcée — supériorité qui aurait pu encore être accentuée, si l'action stratégique inattendue de Joffre, qui se maintint sur la ligne de Beaumont-Givet après la retraite de Dinant et de la Sambre, n'avait considérablement réduit cette supériorité.

Les corps d'armée allemands qui avaient franchi les deux rivières simultanément se trouvaient bloqués et mêlés, pour ainsi dire, dans un espace relativement restreint.

Dans le parallélogramme Charleroi-Namur-Dinant-Beaumont, il y avait, le 24 et le 25 août, au moins cinq corps d'armée allemands qui s'efforçaient vainement de se déployer. Il en résultait une grande confusion, principalement chez les Saxons, des colonnes entières s'égarant et s'entremêlant. A un certain moment, il y eut même des batteries dirigées de Dinant vers la Sambre! C'est grâce à cette confusion qu'une partie de la garnison de Namur put s'échapper et rejoindre les lignes françaises près de Mariembourg. A couvert de la nuit les Belges furent probablement confondus par les ennemis avec leurs propres troupes.

De sorte que, de toutes les forces allemandes rassemblées sur ce point, la moitié ne pouvait être utilisée effectivement, le reste fut employé d'une manière décousue, sans frein ni méthode. Les pertes allemandes furent là, en conséquence, encore plus sérieuses qu'auparavant; et si le général Joffre n'avait pas été si menacé plus loin vers l'Ouest, il aurait pu tirer grand parti des difficultés de l'ennemi et remporter une victoire importante.

Les Allemands et les Anglais, ainsi que nous l'avons observé, arrivèrent simultanément à la hauteur de Maubeuge le 24 août, dans la soirée.

A ce moment, le corps d'armée de von Kluck le plus à l'ouest (2e corps), retardé à Tournay, ne faisait qu'approcher de Valenciennes ; mais sa cavalerie était très loin en avant : elle arriva à Bouchain le jour suivant. Von Kluck pouvait donc encore prendre Sir John French en flanc, et donner ainsi consistance aux rapports prématurés qui à ce moment faisaient les délices du public allemand. Le commandant allemand savait, par l'histoire du passé, que les Anglais tiennent toujours très ferme sur la défensive, qu'ils manquent d'imagination et d'élasticité ; déjà à Mons n'avaient-ils pas gardé leurs positions plus longtemps qu'il ne fallait ? et en conséquence il s'en était fallu de peu qu'ils ne fussent complètement cernés.

La forteresse de Maubeuge appuyait la droite des Anglais, et avec les éléments tactiques que les Français pouvaient se croire tenus de fournir à leurs alliés les chefs allemands comptaient que ceux-ci tiendraient mieux encore et s'immobiliseraient plus longtemps sur leurs nouvelles positions ; qu'ils seraient enfin entourés, cernés et pris dans

Maubeuge même, qui dans ce cas-là serait pour eux un second Metz. Les généraux allemands étaient si certains de cela qu'ils n'hésitèrent pas à annoncer dans leurs rapports enthousiastes la destruction prochaine et inévitable de l'armée britannique, ce qui devait être le prélude de l'enveloppement définitif et de la destruction des armées françaises elles-mêmes.

Cependant Sir John French dissipa tous ces beaux rêves; car, mieux au courant de la situation maintenant qu'il ne l'avait été précédemment, il ne consentit pas à se laisser clouer à son nouveau poste et d'attendre d'être encerclé par les corps allemands qui opéraient dans la région de Valenciennes. Sans doute il aurait préféré tenir; et le 24 août, tandis qu'il était fortement pressé aux approches de Maubeuge, il fit un appel au général Sordêt, qui commandait un corps de cavalerie à sa droite à Avesnes, lui demandant de l'appuyer, mais le général Sordêt ne le pouvait pas ou il ne voulut pas agir, et par ce fait donna d'excellentes raisons au chef anglais de poursuivre sa retraite. Si même le général Sordêt avait pu accorder le soutien que lui demandait French, cet appui n'aurait pas été d'un grand secours pour le maréchal d'Angleterre. Non seulement les chevaux de ses escadrons étaient à bout de forces et fourbus par trois semaines d'efforts excessifs et coûteux sur les rives de la Sambre et de la Meuse, mais le général Sordêt était aussi sur le point d'être transféré de la 5e armée française à la 6e armée, *sur la gauche des Anglais*, où les troupes montées des Allemands étaient en prépondérance. D'Avesnes, le général Sordêt aurait dû aller chercher très loin un terrain se prêtant aux opérations de la cavalerie. Il avait devant lui le pays accidenté de la vallée de la Sambre, et la forteresse de Maubeuge qui faisait feu de toutes ses pièces sur les Allemands, et à sa gauche l'immense forêt de Mormal, où même l'infanterie, pour ne pas mentionner l'artillerie, ni la cavalerie, n'aurait pu se mouvoir librement.

En fait de renforts, le général d'Amade, qui basé sur Arras était occupé à la formation d'un corps de réserve appartenant à la 6e armée, devait être d'un plus grand secours à Sir John French qui trouva bientôt en lui un allié précieux. D'Amade ne quitta pas Arras trop tôt, si l'on considère l'insignifiance relative du détachement qu'il avait sous la main; mais cependant, il ne quitta pas Arras aussi tard qu'on a semblé le croire généralement.

Les colonnes françaises quittèrent Arras dans la nuit du 24 au 25 août, — c'est-à-dire, pendant que les Anglais étaient encore sur la ligne Jenlain-Maubeuge — et une des colonnes de d'Amade put rencontrer la division de cavalerie allemande du 2e corps qui était parvenue à Bouchain, le 25 août à midi. Cette division de cavalerie, fauchée par les canons français, fut vaincue, et von Kluck informé de ce désastre, craignit une attaque de flanc, qui pouvait se développer pendant sa marche contre les Anglais ; il changea alors de nouveau la destination du 2e corps, qui de Valenciennes obliqua vers le Sud sur Cambrai, et de là, le 26 août, se subdivisa en deux parties : deux divisions s'avançant contre d'Amade près de Bapaume, et la troisième division se dirigeant contre les Anglais, au Cateau.

De sorte que l'appui *stratégique* de d'Amade réduisit à une les divisions allemandes destinées à tomber sur les Anglais, ce qui diminuait d'autant la pression des ennemis contre les troupes de Sir John French. Nous devons ajouter que l'armée anglaise était plus forte maintenant qu'elle n'avait été à Mons, car elle avait été rejointe le 24 août à Valenciennes par une brigade détachée — la 19e — et par une division entière — la 4e[1] — à Solesnes le jour suivant ; tandis que les Allemands, pour contrebalancer ces renforts et l'action des canons de la forteresse de Maubeuge, comme nous venons de le voir, ne pouvaient amener qu'une seule division du 2e corps, ces troupes n'ayant pu se mettre en contact avant le 26 août, sur la ligne Caudry-Solesnes.

[1] Général Snow.

Néanmoins, l'assaut des Allemands sur cette ligne fut particulièrement formidable. Sept divisions allemandes se rencontrèrent là avec trois divisions et une brigade anglaises.

Il faut noter ici un fait curieux : l'artillerie du 9e corps allemand n'ayant pu surmonter les difficultés du terrain de la haute Sambre et de la forêt de Mormal, fut dirigée par une voie détournée à l'ouest de la forêt, les généraux allemands profitant de la circonstance pour masser l'artillerie des 9e, 4e et 7e corps, contre le corps de Smith-Dorrien, ce qui explique pourquoi l'artillerie anglaise au Cateau fut si terriblement éprouvée; et comment Sir John French eut l'impression qu'il était attaqué sur toute la ligne par *cinq* corps d'armée allemands, alors qu'il y en avait exactement *trois*, plus une division supplémentaire.

Néanmoins, avec une telle supériorité numérique contre eux — une supériorité d'un peu plus de deux contre un en hommes, et de trois contre un en artillerie — les Anglais auraient dû être écrasés, et l'auraient été, si leur tactique n'avait été si efficace et le tir de leur infanterie au-dessus de tous éloges. Les hommes tinrent ferme et continuèrent à infliger des pertes énormes aux Allemands, qui attaquaient toujours en grandes masses, et en rangs serrés. Les Anglais auraient fini tout de même par succomber si Sir John French n'avait pas rompu le combat et décidé de se retirer derrière la Somme, afin de se tenir mieux en contact avec les troupes françaises qui l'encadraient, tâche difficile : les Allemands visant à clouer sur place les Anglais, afin de les détacher des Français, et de les encercler, ce qu'ils auraient pu accomplir avec toutes les réserves dont ils disposaient encore après leurs grosses pertes.

Les deux chefs de corps anglais se montrèrent à la hauteur de la situation : abandonnant délibérément, avec sagesse, tout le matériel encombrant, ils parvinrent à tirer leurs troupes exténuées de leur dangereuse situation.

Les Allemands, il faut le dire, étaient eux aussi exténués, non seulement sur ce point particulier, mais sur toute la ligne depuis Cambrai jusqu'à la Wœvre. Nous verrons plus loin à quel degré de fatigue ils étaient arrivés. Pour le moment, il nous suffira de définir clairement le rôle de l'armée de Sir John French, par rapport à l'action stratégique des armées françaises sur ses deux ailes.

On se souviendra qu'au temps de la mobilisation, le général Joffre avait pourvu à la formation d'une sixième armée ; vers le 20 août, cette armée était rassemblée en partie à Compiègne afin de laisser libres les communications des Anglais dans le Nord, et en partie à Lille et à Arras.

Le général Joffre avait l'intention de l'utiliser

en Belgique s'il remportait la victoire dans cette contrée, et, dans le cas où il se trouverait devant des forces trop supérieures qui l'obligeraient à battre en retraite, il aurait là une puissante réserve. Les divisions du Nord étaient entièrement composées de territoriaux, exception faite de la cavalerie et de l'artillerie. Mais les deux corps d'armée de première ligne — le 4e et le 7e corps — (desquels le 7e venant d'Alsace avait combattu à Mulhouse) étaient d'excellentes troupes. Un autre corps de réserve appartenant à la même armée était rassemblé près de Paris ; et la division de Tunis, troupes de première ligne, était en route pour la rejoindre. Nous voyons par là que les effectifs destinés à renforcer les gros contingents opérant dans le Nord se trouvaient, par le concours des circonstances, très éparpillés. Le problème qui se présentait maintenant au général Joffre était de réunir cette armée dans les meilleures conditions possibles et de la manière qui influerait le mieux sur les mouvements de l'adversaire. Ces effectifs étaient néanmoins destinés, par le cours des evénements, à être employés sans ensemble, jusqu'au moment où une occasion se présenterait de produire un effort collectif.

Quand le général d'Amade quitta Arras avec deux divisions, pour prendre von Kluck en flanc à Cambrai, le premier corps d'armée de ligne de la

6e armée française venait seulement de quitter sa base, pour se mettre en route vers le Nord. Le 26 août on constata que, si ces troupes poursuivaient l'itinéraire convenu, il en résulterait un désordre sans issue : les armées en retraite ayant besoin de toutes les routes et voies ferrées qui se trouvaient sur leurs derrières.

Le corps d'armée susdit dut donc être ramené et on le dirigea par Creil et Beauvais sur Amiens. C'est ainsi que les divisions de territoriaux du Nord durent faire face à la situation comme elles pouvaient.

Elles ne s'en acquittèrent pas mal en somme. Ainsi, à Tournay le 23 août, quelques bataillons seulement, sans artillerie, tinrent avec énergie contre un corps d'armée tout entier, et se replièrent ensuite sur Lille en bon ordre. Les divisions de d'Amade, le 26 août, se maintinrent tout un jour contre un nombre égal de troupes allemandes de première ligne ; et plus tard, le 27 août, avec l'aide de la 4e division anglaise, alors en retraite de Solesnes, et du corps de cavalerie du général Sordêt, alors transféré de la 5e à la 6e armée, les territoriaux français, qui avaient éprouvé des pertes considérables, parvinrent cependant à refouler l'aile droite de von Kluck sur Cambrai. La liaison entre l'armée anglaise et la 6e armée française à sa gauche fut définitivement établie ce jour-là (le

27 août). Nous savons que, bien avant cela, l'aile droite de l'armée anglaise avait été en contact avec la 5e armée française; mais pendant la retraite de la Sambre ce contact avait été perdu, et les Allemands firent tout leur possible, le 25 août, pour le rompre définitivement, car cette rupture leur aurait permis de tourner les Anglais par l'Est. Mais d'une part, à cause de la fatigue extrême des Allemands, et de l'autre, grâce à l'action efficace des divisions de réserve françaises à la droite des Anglais, cette rupture n'eut pas lieu. Les divisions françaises qui combattaient à la droite des Anglais contre le 10e corps allemand, au lieu de se retirer en ligne droite sur Hirson, prirent obliquement par Avesnes, vers Landrecies; et malgré tous les efforts des chefs allemands, elles parvinrent à rétablir leur liaison dans la nuit du 25 au 26 août, avec le corps d'armée de Douglas Haig à l'est et au sud de Mareilles.

Il est difficile de décider si les opérations françaises près d'Avesnes et de Mareilles soulagèrent beaucoup le 1er corps anglais engagé à Landrecies, puisque dans sa dépêche, Sir John French dit textuellement : « que ce fut surtout grâce aux efforts de Douglas Haig que le 1er corps put se tirer d'une position dangereuse » ; mais on ne peut douter un seul instant que les opérations françaises empêchèrent les Allemands d'effectuer un mouvement tournant qui aurait pu être fatal aux Anglais ; et si l'on considère que c'est là le travail de territoriaux exténués par de longs combats sur une vaste échelle, on n'hésitera pas à en faire le plus grand éloge.

CHAPITRE XII

APRÈS LEUR ÉCHEC STRATÉGIQUE A CAMBRAI, LES ALLEMANDS REPRENNENT PLUS A L'OUEST LEUR MOUVEMENT ENVELOPPANT.

La grande vague des attaques allemandes à l'ouest de la Meuse s'était brisée sur un roc inébranlable ; la tentative d'un vaste mouvement tournant avait avorté, tandis que dans les Ardennes, dans la Wœvre et en Lorraine les événements prenaient une tournure franchement favorable aux Français. C'est ainsi, qu'en peu de mots, on pourrait dépeindre la déception de l'état-major allemand à la date du 27 août.

Cette déception on ne saurait se l'exagérer. Il va sans dire que nous ne nous occupons ici que du point de vue de l'état-major allemand et non de l'opinion des soldats qui se croient victorieux tant qu'ils avancent ; ni de l'opinion du public ignorant la stratégie et que, dans un pareil cas, on se garde bien d'éclairer sur la véritable tournure des événements. Ce qui nous intéresse c'est l'opinion

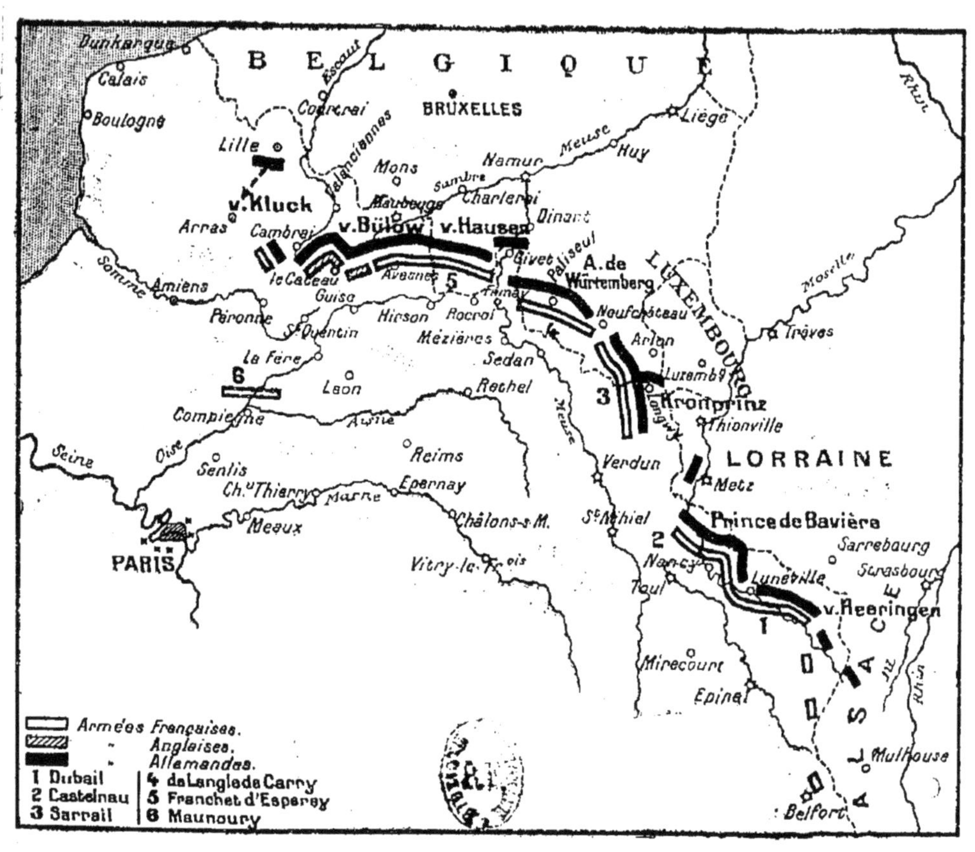

(Carte n° 12). — Position d'ensemble des armées au 26 août.

de l'état-major allemand telle qu'elle a dû émaner des conciliabules secrets sur la conduite de la guerre, en considérant les choses dans leur véritable aspect, et non celles émises pour la presse de Berlin.

L'état-major allemand savait que, dans la guerre moderne, l'énorme nombre d'hommes employés et le système de tactique compliquée rend difficile à l'extrême, sinon tout à fait impossible *après les premiers chocs*, de porter des coups décisifs ou de s'emparer des lignes de communications de l'ennemi. Les Allemands avaient eu dans ce sens des occasions favorables. Après Saarbourg et les batailles des Ardennes et de la Sambre, ils avaient tendu tous leurs efforts pour porter des coups décisifs et récolter le bénéfice maximum de ces victoires ; mais chaque fois la stratégie de Joffre les avait déjoués. La répartition nouvelle imposée à leurs forces dès les premiers jours leur enlevait la possibilité d'obtenir une supériorité numérique écrasante sur aucun point vital. Joffre, il est vrai, n'avait pas obtenu sur la Sambre les résultats immédiats qu'il y avait recherchés, mais cet échec importait beaucoup moins à la France et à ses alliés qui n'étaient pas partis à la conquête des Allemands dans un laps de temps restreint et qui se trouvaient parfaitement satisfaits de jouer un rôle d'attente, tandis qu'au contraire les Allemands étaient fermement résolus à obtenir, coûte que coûte, conformément à leurs prévisions, des résultats concluants *dans les premières semaines de la guerre.* Jusque-là, les seuls résultats obtenus par les Allemands, étaient des hécatombes de leurs soldats, tandis que pour leurs chefs l'horizon stratégique graduellement s'assombrissait. Ils avaient tout tenté, une alternative suivait l'autre ; et après l'avortement de chaque nouveau plan adopté, ou plutôt qui leur était imposé par la volonté supérieure du chef des forces alliées, l'état-major allemand s'enlisait davantage dans des difficultés non prévues. Ils n'avaient plus l'initiative et ils le savaient ; ils savaient aussi que l'initiative une fois perdue ne se regagne plus, sauf à la suite d'une faute stratégique commise par l'ennemi. Mais le général Joffre ne commettait pas de fautes.

Soutenu par un peuple pour lequel l'invasion n'était pas une chose nouvelle et qui était bien déterminé à obtenir la victoire, quel qu'en dusse être le prix matériel ou moral, le grand chef était libre de poursuivre sa tâche avec le calme et la sérénité d'esprit indispensables pour la réalisation de grandes choses.

Les chefs allemands ne s'en rendaient pas encore compte, car ils espéraient toujours que la volonté du général français s'inclinerait devant le sentiment de la nation ; qu'il se sentirait forcé de risquer une bataille générale et décisive sur des lignes incertaines, dans l'espoir de sauver le pays d'une invasion totale. C'était une chose d'évacuer l'Alsace afin d'empêcher les Allemands de percer la Trouée de Mirecourt ; et une autre d'abandonner tout le nord de la France à l'envahisseur, et cela sous le motif de chercher une nouvelle ligne de défense plus en arrière, ligne sur laquelle les résultats d'un engagement général pourraient bien être, en somme, tout aussi problématiques que dans le Nord.

Si les Allemands avaient été mieux informés sur le vrai caractère de Joffre, et de l'importance et de la nature des préparatifs qu'il poursuivait en arrière de son front de combat, ils seraient arrivés à des conclusions tout autres, et après Cambrai, ils auraient modifié sensiblement leur nouveau plan.

La première tentative d'un grand mouvement tournant avait échoué, comme nous l'avons constaté, lorsque le IIe corps d'armée allemand, dans sa marche de Valenciennes sur Cambrai, entra inopinément en collision avec de nouvelles forces françaises; ces forces — les divisions de réserve de d'Amade — arrivant en toute hâte d'Arras, étaient en quelque sorte parvenues à tourner les Allemands. Les divisions de d'Amade n'étaient pas assez fortes pour refouler l'ennemi, de sorte que l'action même fut perdue pour les alliés ; mais, la manœuvre de von Kluck avait été déjouée ; c'était là le principal. Cependant von Kluck avait les moyens de renouveler la même manœuvre plus à l'Ouest, et ici nous arrivons à un moment psychologique en ce qui concerne les aspirations des stratèges allemands. On peut même affirmer sans crainte que *c'est à ce moment que l'issue de la guerre a été décidée.*

Oui, à l'intant même où des journaux alliés étaient remplis de détails calamiteux, la campagne de 1914 en France était un problème déjà résolu. Le fait ne devait se révéler que quelques jours plus tard; et il faudrait des années, même aux hommes d'esprit le plus lucide, pour le comprendre ; néanmoins c'est un fait. Les Allemands en persistant dans une voie *déjà anticipée* par Joffre, perdirent définitivement toute chance de gagner la guerre. Leur unique excuse, au point de vue de la critique militaire, est qu'ils se trouvaient alors enchevêtrés dans une situation stratégique désespérée, et qu'ils avaient piteusement échoué dans leurs efforts pour rompre, cerner, ou disperser les armées opposées.

Les positions parallèles des combattants sur un front aussi étendu rendaient peu pratique toute autre méthode d'action que celle que les Allemands employèrent ; mais s'ils n'avaient pas été pressés, s'ils ne s'étaient pas acharnés à obtenir une décision immédiate en France, ils auraient pu adopter une nouvelle alternative plus avantageuse et qui était justement à leur portée : c'était d'en finir tout de suite avec la position d'Anvers, d'éliminer l'armée belge en tant que force active, et ainsi remporter non seulement un grand avantage moral, mais aussi tout de suite après, ils auraient obtenu une supériorité numérique écrasante, qui leur était si nécessaire en France.

Pour cela, ils auraient dû ramener vers le Nord un des corps d'armée allemand envoyé en toute hâte de Bruxelles vers le Sud pour prendre part au grand mouvement tournant. Ce corps, le IIe de réserve de von Kluck, s'était approché de Lille le 24 août, et y entra sans coup férir le 25, les territoriaux français du général Percin, qui avaient combattu à Tournay précédemment, ayant évacué Lille. (Cette ville avait été, par décret du Gouvernement, déclarée ville ouverte.) Le 26 août, le 2e corps allemand marchait déjà sur Arras; l'état-major allemand considéra alors qu'il était trop tard pour le ramener une seconde fois en arrière. Cependant le 24, il se trouvait encore en Belgique; les Belges, à Anvers, voyant que les Allemands sur leur front se tenaient sur la défensive, les attaquèrent avec la plus grande énergie, et les refoulèrent jusqu'à Louvain. Les troupes allemandes qui occupaient Bruxelles furent alors amenées rapidement vers le Nord et elles ne sauvèrent que tout juste la situation. Mais si le IIe corps de réserve allemand avait pu être ramené à Bruxelles, les Belges auraient sans doute essuyé un revers sérieux.

Les Allemands se contentèrent de saccager Louvain sous prétexte d'étouffer un soulèvement populaire, et ils persistèrent dans leur résolution de jouer leur va-tout pour effectuer le mouvement enveloppant en France. Cette résolution était basée sur la conviction ferme qu'ils avaient que le général Joffre n'avait plus aucunes réserves à mettre en ligne sur sa gauche, ou bien, s'il les avait, il risquerait en les amenant là, d'affaiblir dangereusement quelqu'autre point de sa ligne et de se faire battre quand même. D'autres raisons encore poussaient les Allemands à croire que le grand chef français rechercherait une action générale sur le terrain où il se trouvait. Les événements qui se développèrent à cette époque tout le long de la ligne, de Saint-Quentin vers l'Est, contribuèrent à produire cette impression.

La contre-offensive française dans les Ardennes et la Wœvre qui commença plus ou moins le 24 août et fut soutenue jusqu'au 26-27 août, parut aux Allemands une indication sérieuse que les alliés ne reculeraient pas au delà des lignes de la Somme et de l'Oise, et accepteraient un engagement décisif sur ces positions. C'est du moins la déduction qui fut faite par l'état-major allemand le 27 août, au moment où le IIe corps de réserve allemand atteignait Arras et que le général d'Amade se repliait sur Amiens. Les événements des jours suivants renforcèrent encore cette impression et le corps d'extrême droite de von Kluck fut poussé en avant à une vitesse vertigineuse. La détermination des généraux allemands dans la voie tracée était telle, et leur certitude que la victoire était enfin à leur portée si absolue, qu'il ne leur vint même pas à l'idée de saisir et d'occuper les ports français de Calais, de Boulogne et du Hâvre. Ils laissèrent ces places derrière eux comme on laisse derrière soi des meubles inutiles et encombrants.

Au delà des colonnes de d'Amade ils ne voyaient plus rien vers l'Ouest; et ils ne pensaient pas qu'il y avait grand'chose derrière ces forces, fermement convaincus qu'ils étaient que la France venait de fournir son plus grand effort et que tous ses éléments mobilisables avaient été déjà mis en ligne. Un autre motif poussait encore les Allemands dans cette course folle vers l'abîme : l'anniversaire de Sedan était proche, il fallait qu'une grande capitulation française ou anglaise marquât cette date, afin que l'invincibilité des légions germaniques, si hautement proclamée, fût, une fois de plus, tambourinée dans le monde entier.

Les événements qui convainquirent l'état-major allemand que Joffre allait accepter une action générale dans le Nord, et qu'il se laisserait cerner là, sont peu connus du monde. Il s'agit des grandes contre-attaques que Joffre fit exécuter par les armées du centre les 28, 29 et 30 août. A ce moment-là, le IIe corps d'armée allemand approchait d'Amiens, et une série de combats décousus avaient lieu à l'est de cette ville, dans la boucle de la Somme entre Amiens et Saint-Quentin. La pression à cet endroit n'était pas aussi forte qu'elle semblait l'être, car l'armée anglaise était exténuée et les divisions de d'Amade, à sa gauche, n'étaient pas en meilleur état.

Les corps d'armée allemands qui s'étaient trouvés mêlés entre la Sambre et la Meuse le 24 août, se dégageaient en évoluant vers l'Ouest et ils entraient en ligne graduellement, augmentant ainsi la supériorité numérique des Allemands dans le secteur de l'Ouest. La 6e armée française était en route, mais retardée par ses pérégrinations dans les deux sens déjà cités, elle n'aurait pu atteindre la ligne de la Somme avant les Allemands. Et si les Allemands atteignaient Amiens avant elle, la retraite de la 6e armée s'imposerait ; aussi le général Joffre, bien que déjà décidé à battre en retraite et quoi qu'il eût en conséquence arrêté son offensive dans les Ardennes, accéléra l'action de la 4e armée sur la Meuse, et ramena vivement la 5e armée contre les corps d'armée allemands qui, du Nord, se glissaient vers l'Ouest le long de l'Oise. Les batailles de Mézières et de Guise, — celle de Guise plus particulièrement — ont certainement épargné à l'aile gauche de Joffre un désastre qui tout d'abord paraissait imminent.

Il est inutile d'entrer ici dans les détails tactiques de ces grands combats. Mais nous devons en donner une idée générale pour en montrer l'importance. On peut dire que la bataille de Mézières a commencé le 28 août, bien qu'elle fût la suite de combats incessants qui se livraient depuis que le premier mouvement en avant des Français dans les Ardennes avait été enrayé, le grand-duc de Wurtemberg s'étant acharné à vouloir détruire l'armée de Langle qui lui était opposée. Dans le premier choc, cette armée avait moins souffert que celle de Ruffey à sa droite ; s'étant repliée, elle s'était vite ralliée, puis avait repris sa marche en avant au même moment où Sarrail, avec le 6e corps, arrêtait le Kronprinz à Virton et dans la Wœvre. Ce fut le 26 août, lorsque de Langle eut atteint la ligne de Paliseul-Neufchateau qu'il reçut de Joffre l'ordre de se replier définitivement. Il le fit juste à temps, car von Hausen, sur la rive gauche de la Meuse, pénétrait en France et pouvait couper la retraite à la 4e armée. Wurtemberg aussi put avancer de nouveau, et malgré la forte opposition qu'il rencontra, il força le passage de la Meuse à Fumay et Charleville, et un peu après à Mézières et à Sedan. C'est au sud de ces localités, dans la région de Launey-Signy l'Abbaye, qu'une action considérable se développa le 28 août. De Langle était confronté par des forces immensément supérieures, c'étaient la 4e armée allemande tout entière (soit 5 corps d'armée) et à sa gauche, trois corps d'armée de von Hausen (les corps saxons). Le succès de la 5e armée à Guise aida de Langle à contenir les Saxons avec une faible partie de ses forces, tandis qu'avec sa droite et son centre il attaquait vigoureusement Wurtemberg. La victoire fut complète. Le 29 août, les progrès de Wurtemberg étaient enrayés, le 30 ses colonnes étaient refoulées et le jour suivant toute la 4e armée allemande était rejetée, dans le plus grand désordre, au delà du fleuve (voir le rapport officiel allemand à cette date).

Vers la même date, le kronprinz d'Allemagne tentait aussi de franchir la Meuse en aval de Verdun. La 3e armée française, placée maintenant sous les ordres du général Sarrail, s'était repliée, par ordre du généralissime, pour se maintenir à la hauteur de la 4e armée. Elle avait pour tâche de défendre les approches de Verdun, la plus importante des forteresses françaises. Le Kronprinz, après ses désillusions dans la Wœvre et sa grosse défaite à Virton, était devenu très circonspect. En outre il était maintenant obligé de se conformer au nouveau plan allemand, qui visait à l'enveloppement des armées françaises par l'Ouest ; aussi il ne s'entêta pas trop à vouloir emporter Verdun d'assaut, comme il pensait le faire, lorsqu'il essaya de tourner la 3e armée française par Longuyon et Spincourt le 23 août. Il s'appliqua plutôt à effectuer le passage de la Meuse dans l'intention de cerner Sarrail dans Verdun. Il n'eut aucun succès et il éprouva des pertes considérables. Un régiment d'infanterie et une division de cavalerie allemands furent presque anéantis à Dun, près de Stenay le 30 août, pendant que de grandes sorties de la garnison de Verdun harassaient constamment le flanc du Kronprinz. Tant que les Français défendaient la ligne du fleuve, les Allemands ne purent le passer, et ce ne fut que lorsque Sarrail se joignit à la grande retraite, pour suivre le mouvement rétrograde des armées de l'Ouest, que la 5e armée allemande put avancer.

Nous arrivons maintenant à l'importante bataille de Guise : action moins acharnée que celle de Mézières, mais qui eut des avantages plus considérables pour les Alliés. La 5e armée française ayant repris contact, le 26 août, avec l'armée anglaise à l'est de Landrecies, s'était retirée derrière l'Oise le 27, suivie de près par les forces de von Hausen. Sur cette partie de la ligne il y eut une accalmie relative ce jour-là et le jour suivant, et on aurait pu croire que l'armée saxonne n'était pas encore remise du choc qu'elle avait subi le 24 août près de Givet. Mais voici ce qui se passait : la grande confusion qui avait résulté de l'enchevêtrement des corps allemands entre la Sambre et la Meuse le 24 août, avait imposé à von Hausen un changement de front. Ainsi, les corps de la Garde (active et réserve) qui constituaient originalement l'aile gauche de von Hausen, étaient maintenant à sa droite. Ils avaient croisé dans leur marche les XIXe et XIIe corps allemands qui arrivaient de Namur après la reddition de cette place (le 25 août). Le XIe corps allemand qui avait été au centre et avait combattu à Dinant le 23, se trouvait maintenant sur la gauche, en contact avec l'aile droite de Wurtemberg, au-dessus de Rozey. De sorte que, bien plus par accident que par dessein, les corps allemands de la Garde vinrent augmenter la pression qu'exerçaient von Kluck et von Bulow sur l'aile gauche de Joffre dans la courbe de la Somme, entre Amiens et Saint-Quentin. Cependant l'action des gardes prussiennes ne s'étendit pas jusque-là. Ces troupes avaient à leur droite, à l'est de Saint-Quentin, le corps d'armée de tête de von Bulow, le X° (hanovrien). Elles avançaient sur le front Guise-Ribemont, et ce fut là, sur les rives de l'Oise, que le 1er corps d'armée français, par un brusque retour en arrière, leur tomba dans le flanc (29 août), tandis que le 3e corps infligeait un échec sérieux au Xe corps allemand près de Saint-Quentin. Le jour suivant les gardes prussiennes étaient refoulées sur l'Oise en désordre, après avoir subi des pertes considérables. Cette victoire [1], comme nous l'avons indiqué, arrêta les progrès des corps saxons contre l'aile gauche de de Langle et aida matériellement celui-ci à battre le grand-duc de Wurtemberg à Mézières. Ce qui plus est, von Kluck et von Bulow, dans l'Ouest, devinrent prudents, et cela procura aux troupes anglaises si éprouvées quelque répit et permit aussi à la 6e armée française d'opérer sa jonction avec les divisions de réserve de d'Amade au sud d'Amiens.

Néanmoins, le IIe corps d'armée de réserve allemand atteignit Amiens le 31 août ; car bien que la bataille de Guise eût retenu les autres corps de Kluck entre Moreuil et Ham, Kluck était plus que jamais résolu à accomplir son mouvement tournant. Cela lui importait plus encore que de rompre

[1] C'est à tort que l'on a attribué ce succès au général Pau. Le général Franchet d'Espérey commandait la 5e armée.

immédiatement l'aile gauche de Joffre ; et pour cette raison, il n'envisageait pas les batailles de Guise et de Mézières comme des désastres. Au contraire, il lui semblait, à lui et à ses collègues, que Joffre n'en serait maintenant que plus tenté d'accepter une action générale, et l'issue finale de la guerre serait ainsi décidée au plus tôt. Les journées des 2, 3 et 4 septembre au plus tard, devaient permettre à l'état-major allemand de proclamer une victoire définitive, car à ce moment-là, l'aile droite allemande serait en face de Paris, et l'aile gauche de Joffre serait enveloppée dans le Nord.

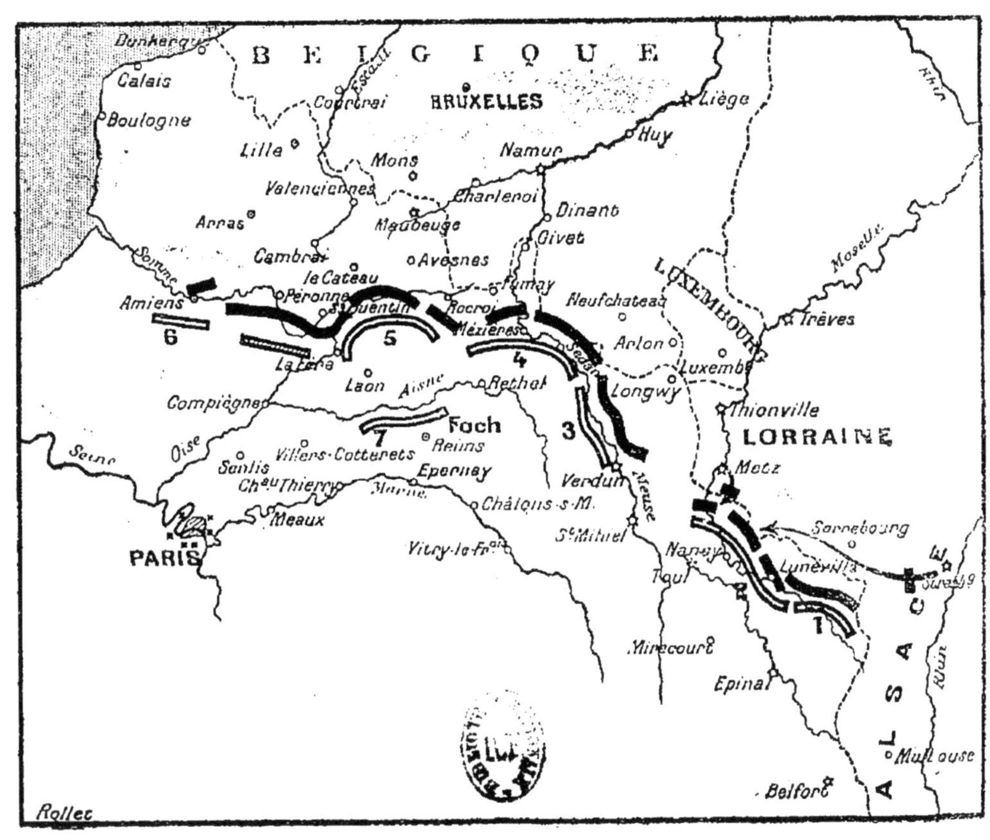

Carte n° 13). — Positions d'ensemble des armées les 30-31 août.

CHAPITRE XIII

LA GRANDE RETRAITE

Au sujet de la grande retraite du général Joffre à la Marne, il y a deux courants d'opinions contraires bien définis, selon le parti pris de ceux qui les expriment.

Selon ceux qui sont en sympathie avec les Alliés, cette retraite a été entreprise volontairement à partir de la Sambre, le 23 août ; le général Joffre, disent-ils, l'avait préparée longtemps à l'avance, et de ses positions avancées en Belgique il entraîna délibérément les envahisseurs après lui, vers le centre de la France afin de les y vaincre.

Cette opinion n'est pas tout à fait erronée, mais elle ne tient aucun compte des raisons qui amenèrent les armées franco-britanniques en Belgique, ni du plan du général Joffre visant à l'écrasement de l'aile droite allemande en cette région.

Les pro-Germains ont des vues diamétralement opposées. Ils déclarent que les Alliés furent défaits par la stratégie supérieure des Allemands et refoulés par une avalanche irrésistible d'hommes; enfin, que les Alliés auraient succombé à la Marne, si la nouvelle des victoires russes en Galicie n'était venue enrayer les progrès des Allemands en France. Il serait oiseux de démontrer à quel point ceci est absurde et faux. Pour le réfuter il suffit de rappeler au lecteur que les Allemands étaient en nombre supérieur *sur tous les points de la ligne d'action* en France, qu'ils avaient par conséquent tous les moyens matériels de remporter la victoire là, si leur science avait été supérieure à celle de Joffre, et que les nouvelles du théâtre oriental de la guerre, loin d'avoir l'effet de les retenir, les auraient au contraire poussés à redoubler leurs efforts contre les Alliés en France et en Belgique.

La controverse à ce sujet, comme celles sur les faits principaux de certaines campagnes du passé, se poursuivra sans nul doute pendant longtemps, la vraie justice étant une qualité dont les stratèges amateurs, d'ordinaire, ne sont pas dotés. Leur suffisance sur des points douteux n'est le plus souvent que l'expression d'une ignorance mal déguisée. Il faut aussi dire que dans le cas qui nous occupe se trouve une difficulté hors de la portée des Napoléons novices, et que par conséquent ils ont peu de chances de surmonter; c'est le fait que les deux théories, si fausses qu'elles soient en elles-mêmes, n'en contiennent pas moins des fonds de vérité;

ce qui démontre la futilité d'aborder tout problème stratégique d'une manière trop nette et décisive.

En guerre, tout dépend, en ce qui se rapporte à l'exécution d'un plan d'opérations, d'une série de circonstances et des ressources matérielles, autant que de l'habileté des belligérants ; et tout peut ainsi se trouver modifié et même entièrement altéré par les événements imprévus qui se présentent en cours de route.

Par exemple : il est parfaitement vrai que le général Joffre avait préparé dans son esprit le plan de la Grande Retraite, mais il ne se décida à l'exécuter que graduellement, au fur et à mesure des événements ; et ceci, en s'efforçant de relationner ses mouvements à ceux de l'ennemi, de manière à ne pas perdre l'initiative, initiative qu'il avait conquise et qu'il tenait absolument à conserver, afin de pouvoir imposer sa volonté à l'ennemi au moment voulu, et par là remporter la victoire ; ce qui lui importait par-dessus tout, c'était de gagner la guerre. Tout est là. La question de l'endroit où la décision pouvait être obtenue n'était en somme que secondaire. La perte d'une action ou d'une forteresse de second ordre, la cession momentanée d'une partie du territoire ne devaient pas prendre trop de poids dans les considérations du général Joffre, tant qu'il demeurait certain de pouvoir tenir intacte la ligne de ses armées, pour la reprise de l'offensive dans les meilleures conditions possibles, au moment, et à l'endroit, qu'il choisirait. On peut ainsi se faire une idée de la Grande Retraite, une des opérations de guerre les plus habiles, un vrai chef-d'œuvre de stratégie, qui démontre ce fait important à retenir par tout esprit militaire, c'est que l'*offensive* n'est pas nécessairement l'*initiative*.

Le général Joffre, lorsqu'il entra en campagne, était très au courant de la perfection qu'une génération entière de préparation sérieuse avait apportée à l'outillage guerrier des Allemands, et il avait le sentiment bien net que la victoire pour cette organisation dépendrait surtout de la rapidité de son emploi et de la vigueur précise de son application.

Le général Joffre profita de la précipitation, du « brisant » allemand, pour atteindre son propre but. Refusant obstinément le combat sur les positions choisies par les Allemands, il s'appliquait à affaiblir leurs concentrations les plus menaçantes et à les amener à frapper là où ils ne le voulaient point, de telle sorte que la violence même et la rapidité de l'offensive des envahisseurs, devait à la longue causer leur perte.

Lorsque par suite des erreurs de tactique commises par l'un de ses subordonnés, Joffre ne réussit pas à obtenir les résultats qu'il recherchait en Belgique, il se retira sur la frontière ; puis, ne se trouvant pas là en situation favorable, il continua son mouvement rétrograde, bien que, à un moment donné, ainsi que nous l'avons démontré, il eût eu l'occasion de profiter des difficultés dans lesquelles les Allemands se débattaient entre la Meuse et la Sambre. Mais alors, son flanc gauche se trouvait exposé ; les Anglais étaient exténués, les divisions du général d'Amade n'étaient pas en meilleur état, et comme nous l'avons expliqué, le reste de la 6e armée ne pouvait rejoindre ses positions de combat en temps utile. Finalement, quand l'aile gauche de Joffre s'arrêtait sur la ligne de la Somme, et que les armées du centre refoulaient les Allemands à Mézières et à Guise, les Allemands reprenaient plus à l'Ouest le mouvement tournant qui avait été enrayé à Cambrai. Ils entrèrent à Amiens avant que le noyau des effectifs de la 6e armée eussent pu accomplir leur jonction avec le corps de réserve sous d'Amade, au sud de cette ville. Du reste il n'est pas certain que la 6e armée, forte comme elle l'était, et empressée de se battre, aurait pu contrecarrer le mouvement allemand d'une façon décisive. En conséquence, une action générale engagée là, serait restée indécise, ce qui aurait donné le temps aux Allemands de renforcer encore l'extrémité ouest de leur ligne.

Le fait qu'une nouvelle armée française, la 7e, sous les ordres du général Foch, le brillant commandant du fameux 20e corps qui avait si habilement protégé la retraite de Castelnau à Saarbourg, allait arriver pour renforcer l'aile gauche, ne pouvait tenter un stratège de la trempe de Joffre d'accepter le combat tandis qu'une de ses ailes était en train de se reconstituer. En outre, la 7e armée, composée principalement d'unités amenées d'Alsace et de Lorraine, ne pouvait, faute de temps, prévenir tout nouveau mouvement allemand entre Amiens et la mer. Elle devait se déployer là même où elle le fit, le long de l'Aisne, et se glisser, tant bien que mal, entre la 5e et la 4e armée.

En somme, le général Joffre visait à quelque chose de grand et de définitif qui lui assurerait la possession de l'initiative jusqu'à la fin ; il voyait le moyen de tirer profit de l'entêtement de von Kluck à vouloir l'envelopper, et dans ce but il se résigna à sacrifier encore une partie du territoire de son pays aux incursions d'un ennemi brutal et sans pitié. Joffre décida donc d'abandonner les lignes de la Somme et de l'Oise, et de battre en retraite sur Paris et la Marne.

A partir de ce moment-là, on ne peut prétendre que les armées de la France furent *refoulées*, puisqu'elles exécutèrent leur retraite délibérément et avec méthode; et c'est de ce moment-là aussi que le général Joffre élabora réellement son plan de retraite.

Sachant l'attirance de Paris, et au courant des procédés tactiques des chefs allemands, le général Joffre pouvait compter exactement sur ce qu'ils feraient comme s'ils l'avaient déjà fait, et d'autant mieux, que les Allemands conservaient l'illusion de l'initiative et de la victoire immédiate. Plus leur illusion durerait, plus terrible serait leur défaite. Nous verrons que seul le réveil subit de von Kluck à la dernière minute sauva les armées allemandes de l'Ouest d'un anéantissement complet.

La retraite en elle-même fut une tâche gigantesque, cependant plus facile à accomplir dans ses détails qu'on l'a imaginé; les moyens de transport modernes aplanissant singulièrement les difficultés. Le moral des troupes, du reste, n'était nullement affecté. Elles avaient entière confiance en leurs chefs et dans leur supériorité individuelle sur l'ennemi; et aussi une foi inébranlable dans le succès final. On peut naturellement en dire autant des Allemands, pour qui le nombre, l'équipement matériel, et leurs procédés sans scrupules, constituaient de forts avantages, sans compter une méthode tactique coûteuse mais efficace qui semblait destinée à tout emporter. Toutes ces considérations nous ramènent à la stratégie, car la supériorité numérique, les machines de guerre, la force brutale, les stratagèmes perfides dans les actions de détail, ne suffisent pas à assurer la victoire.

Nous ajouterons que la force morale même, mise dans la balance avec tout ce qui précède, ne pourrait encore suffire. C'est le haut commandement, en d'autres termes : les cerveaux exercés, qui triomphent dans une guerre.

Le général Joffre s'est servi de ses armées comme un musicien de talent de son instrument ; chaque fois qu'il frappa, il déconcerta l'ennemi qui certes n'aurait jamais pensé, même rêvé, qu'un chef pareil pouvait exister hors de l'Allemagne. Un brusque réveil, un sursaut terrible les attendait.

Jusque-là, leurs illusions furent entretenues par la façon dont le général Joffre conduisit la retraite. Il avait refusé la bataille sur la ligne de la Somme, mais tout en se repliant sur Paris et la Marne il faisait payer cher aux Allemands leurs progrès, ce qui donnait l'impression qu'il était vraiment refoulé et qu'il ne se retirait que contre son gré et en dépit de ses sentiments patriotiques. Son vrai but était d'attirer les envahisseurs dans un piège mortel et de leur faire éprouver un grand désastre, un désastre qui, si tout allait bien, serait complet, définitif et qui écourterait considérablement la durée de la guerre. Ce n'est pas pour un autre motif que le général Joffre se serait résigné à abandonner, même momentanément, une si grande partie de la France aux Allemands ; les points choisis pour la reprise de l'offensive rendent la chose fort claire et témoignent de l'audace de son plan : ces points formaient un demi-cercle de Paris à Verdun autour de l'ennemi.

Mais, pourrait-on demander, comment le général Joffre pouvait-il savoir que les Allemands donneraient dans le panneau? Parce que, au cours des opérations stratégiques, il arrive un moment où les répliques de l'adversaire sont aisément anticipées, surtout lorsque cet adversaire n'a depuis longtemps fait autre chose qu'exécuter les mouvements qu'on lui a imposés. Dans leur hâte aveugle d'arriver à un succès rapide et écrasant, les Allemands avaient épuisé presque toutes les alternatives; et ils étaient trop avancés pour recourir à un autre plan qu'à celui dans lequel ils se trouvaient engagés après avoir porté en avant de si vastes armées à une vitesse aussi vertigineuse. Dorénavant le général Joffre savait ce qu'ils allaient faire, car les Allemands ne pouvaient se douter de l'accroissement des effectifs des armées françaises de l'Ouest; ignorance que démontre assez le fait suivant : avant même que Joffre eût décliné un engagement général dans le nord de la France, les Allemands commencèrent leurs assauts des positions de Nancy, avec la certitude, sans nul doute, qu'en opérant ainsi ils attireraient et sauraient retenir en Lorraine une partie considérable des contingents français, ce qui leur permettrait de refouler aisément le reste devant eux.

Ils avaient affaire à un adversaire trop rusé. Nous avons déjà vu comment le général Joffre avait su tirer parti de sa première offensive en Lorraine pour renforcer les armées du Nord. Il renouvelait à présent cette manœuvre, mais sur une plus grande échelle; et il prenait des mesures qui montrent à quel point il avait pénétré l'intention des Allemands. Dès le 26 août, c'est-à-dire aussitôt qu'il se fut assuré que les Allemands ne pourraient pas forcer la Trouée de Mirecourt, Joffre avait retenu, sinon complètement arrêté, la contre-offensive de Castelnau en Lorraine, en lui enjoignant de se tenir strictement sur la défensive en ce qui concernait les positions autour de Nancy, mais de rendre ces positions aussi fortes que possible, et de les défendre jusqu'au dernier homme. Car ces positions une fois garanties, on pouvait tirer des contingents de l'Est pour renforcer ceux de l'Ouest. En effet les troupes en Lorraine furent réduites à l'extrême, mais dans la mesure qui leur permettait de se maintenir avec succès sur les positions qu'elles étaient chargées de défendre.

La forte organisation des positions autour de Nancy compensa ainsi l'insuffisance du nombre des défenseurs, et tout cela fut si secrètement entrepris et si bien dirigé, que si jamais les Allemands parviennent à s'en rendre compte et surtout à savoir que leurs efforts gigantesques contre Nancy ont été déjoués par des poignées d'hommes, ils s'en arracheront les cheveux.

Il n'est que trop évident que les Allemands interprétèrent mal la retraite de Joffre. La façon dont von Kluck exposa son flanc à la Marne le démontre clairement, car il n'aurait pas fait ce mouvement s'il avait connu l'importance de la 6e armée française. Les autres généraux allemands ignoraient également qu'une nouvelle armée, la 7e, sous les ordres du général Foch, avait renforcé la ligne française de l'Ouest ; cette armée s'étant glissée fort secrètement entre la 5e et la 4e armée, au nord de Château-Thierry.

C'est dans ces conditions que le général Joffre entraîna les Allemands à sa poursuite. Après quelques combats décousus, mais acharnés, livrés à l'est et au sud d'Amiens, la 6e armée française se retira sur Paris ; l'armée anglaise, après quelques brillantes actions d'arrière-garde, notamment à Villers-Cotterets et à Compiègne (le 1er septembre) se retira à travers la Marne, à proximité, et à l'est de Paris ; la 5e armée livra une action considérable au sud de Château-Thierry, et elle se replia en même temps que la 7e armée à sa droite, dans la direction de la Seine ; la 4e et la 3e armées livrèrent bataille aux Allemands entre Reims et Verdun

(2 et 3 septembre) et tandis que la 4e armée, après cette lutte, reculait vers le Sud à travers le pays accidenté et boisé de l'Argonne, la 3e armée, sous Sarrail, pivotant lentement en arrière dans la direction de Verdun, avait la tâche ardue de protéger Verdun, tout en sauvegardant ses communications avec la 4e armée par Bar-le-Duc.

C'est ainsi que les Allemands, dont les gros canons bombardaient Maubeuge, purent entrer en triomphe à Laon, à Reims, à La Fère et dans d'autres villes importantes. Leurs progrès semblaient ne devoir jamais s'arrêter, on pouvait croire qu'ils devaient bientôt conquérir et occuper toute la France.

Les yeux du monde entier étaient fixés sur Paris, le plus grand nombre s'attendant à voir les Allemands s'y installer aussitôt. C'était, disait-on, l'objectif immédiat des Allemands. La situation pour la France et les Alliés semblait désespérée.

On ne faisait nul cas des armées françaises, leur sort était déjà réglé dans l'esprit des masses, fort peu de gens ayant pu avoir à ce moment-là, le moindre soupçon des intentions réelles du général Joffre.

Le transfert du Gouvernement français à Bordeaux jeta une dernière ombre au tableau déjà si déprimant. En vain fut-il déclaré, par voie officielle, que Paris devait cesser pour un temps d'être la capitale, afin de jouer un rôle dans le plan des opérations ; en vain fut-il ajouté que la défense de Paris, pour le cas où la capitale serait réellement menacée, était confiée au général Galliéni, homme capable et qui avait fait ses preuves. Rien n'y fit, la dépression continua et l'exode de la grande ville prit durant quelques jours d'énormes proportions. Non que la Nation fût vraiment terrifiée, son calme étonna tout le monde ; non que le peuple eût perdu foi en la destinée de la France et dans la cause des Alliés. Mais l'avance des Allemands vers l'objectif que chacun leur attribuait paraissait irrésistible et cela constituait un argument trop fort pour l'esprit des masses qui n'entendent rien à la stratégie. On arrivait à souhaiter que quelque chose d'imprévu survînt, que puisque le renfort britannique ne suffisait pas à la France pour refouler la marée d'hommes qui l'envahissait, les Russes, vainqueurs à Lemberg et en Prusse Orientale arriveraient des régions boréales par centaines de mille et traverseraient l'Angleterre pour venir prendre les Allemands par derrière, du côté d'Ostende ! Il est ainsi curieux d'observer que la grande retraite qui sauva la France et l'Europe, diminua le prestige de l'armée française, malgré que cette armée eût déjà démontré sa supériorité sur l'armée allemande dans plusieurs rencontres.

On se trompait formidablement sur l'objectif des

Allemands qui, en réalité, ne marchaient pas sur Paris. Leurs soldats, sans doute, leurs officiers et même des chefs subalternes le croyaient; on le leur laissait croire afin de maintenir leur entrain, leur enthousiasme, leur confiance, mais l'état-major avait d'autres plans. Depuis que les premiers efforts du kronprinz d'Allemagne, et du prince héritier de Bavière en Lorraine et dans les Ardennes avaient été déjoués, l'idée d'une marche directe sur Paris avait été abandonnée par le haut commandement allemand, car il était clair qu'il fallait d'abord disposer des armées françaises en campagne. Attaquer un camp retranché de la puissance de Paris avant que les armées françaises eussent été complètement battues, eût été pure folie de la part des Allemands. L'investissement d'un seul secteur aurait affaibli les forces allemandes en campagne d'au moins deux corps d'armée; et telle qu'elle était, l'armée allemande, après les pertes énormes qu'elle venait de subir en Belgique et dans le nord de la France, ne se sentait pas trop forte pour la tâche qu'elle avait à accomplir. Les généraux allemands, somme toute, étaient des soldats exercés, de bons stratèges. Ils n'ignoraient pas que l'attaque de Paris rehausserait le moral des Français dont l'impétuosité alors constituerait un véritable danger pour l'agresseur. Les généraux allemands se souvenaient fort bien qu'en 1870, après Sedan, les mobiles de France, mal armés, mal entraînés, s'étaient admirablement battus pour la défense de leur capitale. Enfin les Allemands avaient maintenant une idée plus exacte de la valeur des chefs français. Dans tous les cas, ils comprenaient que le général Joffre avait joué depuis le commencement un jeu très serré, et qu'il ne manquerait pas de tirer tout le parti possible de la moindre faute commise par l'adversaire.

Néanmoins, l'illusion d'une marche victorieuse des armées allemandes sur Paris persista. C'était fatal. La situation stratégique était pourtant aussi claire que possible ; mais le tableau tragique d'une capitale qui attend stoïquement l'assaut de l'ennemi était une image qui frappait trop l'imagination populaire.

Un simple coup d'œil sur la carte indiquait que les ennemis ne pouvaient se trouver en contact direct avec Paris qu'à une seule extrémité de l'immense ligne d'action ; et les notions les plus élémentaires auraient dû suffire à faire comprendre la grande puissance de l'enceinte fortifiée de la capitale qui ne dépendait pas autant sur ses forts et leur formidable armement, que des nombreuses batteries masquées disposées autour de la ligne des forts à une distance considérable de la place. Enfin une armée entière et une forte garnison se préparaient à recevoir l'ennemi.

Les Allemands s'abstinrent. Leur but était d'anéantir les armées françaises en campagne.

Mais pour la masse et les stratèges en herbe, Paris demeura l'objectif militaire des Allemands. Pour eux, les armées françaises, évidemment, ne comptaient point ; et c'est à cela que nous devons qu'après de longs mois de guerre et nombre de rapports et comptes rendus officiels, les opérations les plus décisives de la campagne n'ont pas encore été envisagées sous leur vrai jour.

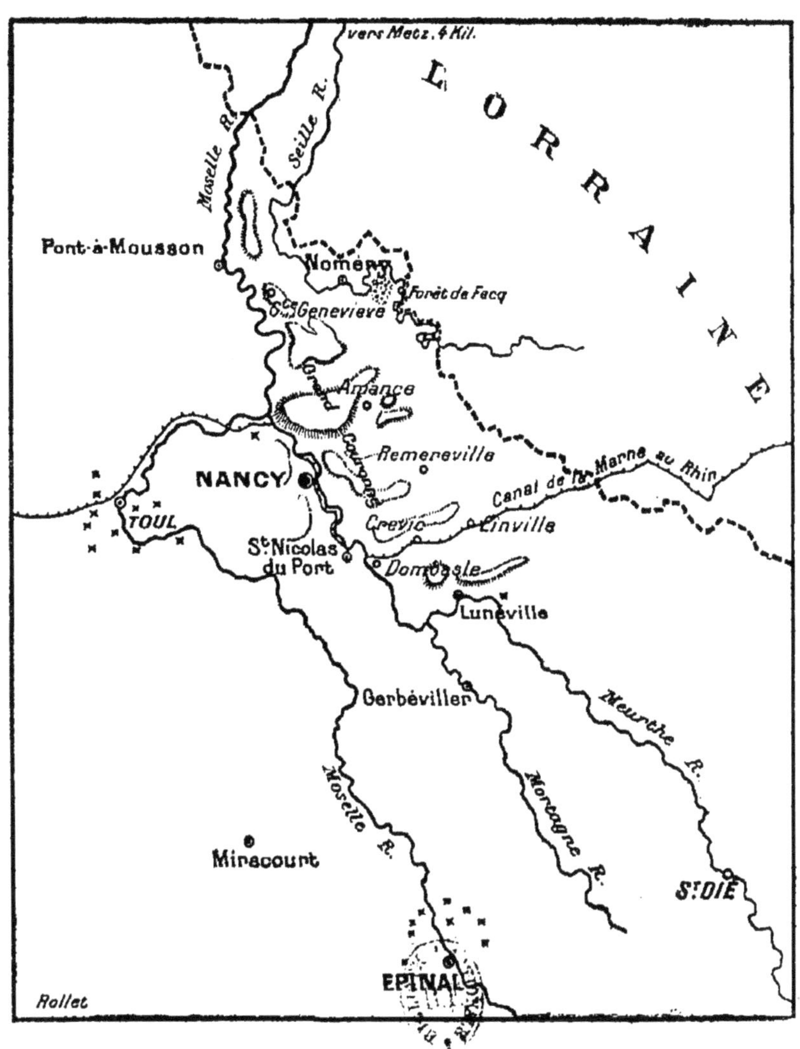

(Carte n° 14). — Carte montrant le Grand-Couronné de Nancy.

CHAPITRE XIV

LA BATAILLE DE NANCY

Nous avons déjà remarqué qu'il n'est pas aisé de saisir la portée des premières opérations militaires en Belgique et dans le nord de la France si l'on n'est pas tout à fait au courant des événements qui se sont déroulés simultanément en Alsace et en Lorraine. De même, pour bien comprendre et se graver dans l'esprit, sous leur vrai jour, les événements qui suivirent dans le secteur de l'Ouest, nous ne pouvons passer sous silence les opérations qui constituaient la vraie base de la stratégie du général Joffre. C'est justement pour avoir négligé, ou simplement ignoré, ces opérations, que l'esprit du public est resté perplexe au sujet du véritable état de choses et qu'il n'a pas pu se rendre compte de l'importance des résultats obtenus. C'était à prévoir, et il n'est que trop naturel qu'il en fût ainsi, que le monde n'ait pas compris la valeur relative de certains incidents, et de la signification exacte du motif de la campagne dans son ensemble, puisque le secret imposé par les autorités militaires (et en particulier par l'état-major français chargé de l'exécution du dit motif) rendait difficile, pour ne pas dire impossible, de suivre le cours des événements sous leur vrai jour.

Les yeux du monde, comme nous l'avons fait remarquer, étaient fixés sur Paris, et sur l'extrémité ouest du champ d'action en France, non seulement parce que les Anglais s'y trouvaient, non seulement parce que la situation de la capitale menacée, selon toute apparence semblait désespérée, mais encore parce que les représentants de la Presse autorisés à suivre les opérations — à distance respectable — trouvèrent plus facile, et sans doute plus intéressant, de concentrer leur attention sur ce secteur de la ligne. Il est juste de noter aussi les différentes méthodes adoptées par les divers belligérants dans la communication des nouvelles ayant un caractère officiel; l'état-major anglais, par exemple, se trouvait obligé pour de nombreuses raisons à se montrer très prolixe dans ses rapports, tandis que les Français, pour des motifs plus sérieux encore, devaient rester très concis. Cette diversité de méthodes contribua plus que toute autre chose à donner naissance et à entretenir les opinions les plus biscornues qui aient jamais été signalées durant le cours d'une campagne, car cela mit en évidence des combats et des incidents de minime importance, tandis que des événements et des succès ayant la plus haute portée restèrent longtemps ignorés.

De là, des théories fausses sur la stratégie de la guerre, théories qui subsistent jusqu'à ce jour. Par exemple : on soutient encore que dans la première phase de la campagne, les Allemands firent leur plus grand effort dans le voisinage de Paris, affirmation qui tend à prêter aux Allemands la plus grande habileté et, par le fait, à diminuer le mérite des Français.

Une autre influence qui rend impossible l'étude sérieuse de la campagne provient du parfait mépris de la chronologie manifesté par le plus grand nombre de ceux qui se mêlent de commenter les opérations. Ces messieurs s'efforcent de suivre le penchant du public pour le genre kaléidoscopique et ils présentent le problème stratégique comme ils l'entendent, sens dessus dessous, selon la méthode à rebours. Ils commencent par Liège, en viennent immédiatement à Mons, et puis se précipitent à la Marne à une allure qui vous coupe la respiration et qui aurait sûrement trouvé le général Joffre au bas de la descente, haletant, hors d'haleine, et avec un rude point de côté — *Paris ensuite est sauvé* ; les Allemands sont poursuivis jusqu'à l'Aisne — puis, comme par l'effet d'un retour de mémoire, les autres opérations, antérieures ou contemporaines, sont enfin présentées, ou plutôt elles sont citées de la manière la plus décousue et la plus détachée. Résultat dans l'esprit des lecteurs ou des auditeurs : chaos, confusion, et une forte impression que les alliés de l'Angleterre ne valent pas grand'chose.

Cette manière très générale de discuter sur la guerre a, jusqu'à un certain point, condamné à l'oubli ce qui peut à juste titre et sans exagération être considéré comme le plus brillant succès de la campagne. Il s'agit de la défense de Nancy, une bataille qui, si le champ des opérations avait été retourné, et qu'elle se fût livrée en Belgique ou aux environs de Paris, eût immédiatement reçu du monde entier toute l'attention qu'elle mérite, car le cours des événements dans l'Ouest et par conséquent le succès de la retraite et de la bataille de la Marne, dépendaient entièrement de la défense de Nancy et des approches de la forteresse de Toul.

Au surplus c'est la bataille la plus longue et la plus acharnée de la première phase de la guerre, dont les résultats matériels, en dehors des résultats stratégiques, eurent la plus heureuse influence sur la suite des opérations des Alliés ; de plus, cette bataille qui n'a pas coûté trop cher aux Français, a cependant terminé la carrière d'un bon nombre d'unités allemandes de première ligne.

En d'autres termes, les Allemands à Nancy, plus que partout ailleurs (jusqu'aux batailles des Flandres dans la seconde phase de la guerre) gaspillèrent leurs forces de la manière la moins efficace et la plus inutile ; en outre l'effet moral de cet échec fut incalculable, car c'est là première fois dans cette guerre que des soldats allemands furent battus ignominieusement, à plates coutures, en présence et sous les yeux mêmes de leur *kaiser*.

La bataille de Nancy, en dehors de toutes ces raisons, aurait encore droit de précédence sur les batailles de la Marne, ne serait-ce que pour le motif qu'elle commença une semaine plus tôt et qu'elle atteignit son point culminant avant l'effort des Allemands dans les autres secteurs. Pour bien s'en rendre compte, on ne doit pas perdre de vue que l'attaque du « Grand-Couronné » commença au moment même où le général Joffre abandonnait la ligne de la Somme pour exécuter la Grande Retraite, et que lorsqu'il reprit l'offensive à l'est et au sud de Paris, les Allemands devant Nancy étaient déjà épuisés ; et le fait que les Allemands persistèrent jusqu'à la fin ne prouve nullement qu'ils auraient pu emporter les positions si Joffre avait été contraint de continuer sa retraite. Ce qui démontre ce que nous avons déjà fait observer : notamment que les Allemands avaient une tâche beaucoup plus impérieuse à remplir à ce moment-là en dehors de la prise de Nancy et l'investissement de Toul ; il fallait affaiblir les armées de Joffre de la gauche et du centre, et immobiliser en Lorraine une partie considérable des forces françaises ; ce résultat (le dernier espoir stratégique des Allemands dans leur première offensive) ne fut pas obtenu. Les Allemands durent le comprendre aussitôt que leur aile droite fut obligée de rétrograder et que leurs armées du centre furent refoulées. La partie était perdue pour eux. Le général Joffre les avait « roulés ». Voilà comment la bataille de Nancy pent être appréciée à sa juste valeur, et son caractère décisif rester gravé dans l'esprit de ceux que cette campagne intéresse.

L'attaque allemande du Grand-Couronné fut la réponse directe au refus de Joffre d'accepter le combat sur la ligne de la Somme.

Jusqu'au 30 août, les Allemands, ayant échoué dans leur tentative contre la Trouée de Mirecourt, avaient l'intention d'attaquer ou d'isoler Verdun et de percer la ligne française au nord de Toul, à Saint-Mihiel. Ce qui l'indique clairement, c'est qu'à cette date même (le 30 août) le corps d'armée allemand commandé par le général von Stranz, basé sur Metz, s'avançait en ligne droite vers l'Ouest sur Saint-Mihiel, et que soudain, lorsqu'on sut que les Alliés se retiraient de la Somme, ce corps d'armée changea de direction et obliqua vers le Sud dans la direction de Pont-à-Mousson et de la position de Sainte-Geneviève qui forme l'extrémité nord du « Grand-Couronné ». Concurremment, les garnisons de Metz et de Strasbourg furent appelées à fournir du matériel et des renforts à l'armée de Bavière, qui avait éprouvé des pertes terribles sur les rives de la Moselle et de la Meurthe.

Ce qui se passa plus au sud de Gerberviller à Saint-Dié, après les heureuses contre-attaques de Castelnau du 26 au 30 août, ne fut qu'une action parallèle sur la ligne de la Meurthe, action dans laquelle les Allemands, maintenant sur la défensive dans cette région, s'efforçaient de protéger leur flanc, et les communications de l'armée bavaroise pendant que cette armée portait son effort vers le Nord, avec d'abord Verdun pour objectif, puis, en conformité du nouveau plan, contre Nancy. Les actions d'artillerie intenses qui eurent lieu, les 27 et 28 août, à l'est de Nancy, avaient pour cause la marche de flanc des Allemands devant des positions d'où ils pensaient que les Français les attaqueraient en force, comme ils l'avaient fait deux jours plus tôt pour arrêter leurs efforts contre la Trouée de Mirecourt. Ceci est encore éclairci par le fait que ce ne fut pas là, mais contre le secteur nord du Grand-Couronné, que les Bavarois commencèrent leurs attaques d'infanterie, alors qu'ils auraient gagné du temps et se seraient épargné les fatigues d'une longue marche, en commençant par le secteur sud.

L'importance de la retraite de Joffre se trouve ainsi de plus en plus démontrée, puisqu'ainsi faisant, non seulement il sauvait son aile gauche compromise sur la Somme, mais il sauvait aussi Verdun. — La place de Verdun n'a pas de Grand-Couronné pour la protéger, et les Allemands sans même s'emparer de cette place, pouvaient l'isoler et cerner par le Sud l'armée de Sarrail qui, à ce moment-là (30 et 31 août) était encore occupée à disputer au Kronprinz le passage de la Meuse au nord de Verdun. Les Allemands, par contre, concentrèrent leur attention sur Nancy et tous leurs efforts contre le Grand-Couronné, ce qui permit à Sarrail de tenir Verdun et de jouer son rôle dans la Grande Retraite.

Les attaques du Grand-Couronné de Nancy furent précédées d'un bombardement formidable, 400 grosses pièces d'artillerie sorties de l'arsenal de Metz se trouvant massées contre ces positions. Les Français ayant déjà eu un avant-goût du feu de l'artillerie lourde allemande à Saarbourg s'étaient bien préparés à ce choc et n'étant pas en mesure de répondre avec efficacité, ils avaient pris toutes les précautions nécessaires pour réduire au minimum l'effet des batteries de siège allemandes. Les troupes s'étaient retranchées et avaient improvisé toute espèce d'abris ingénieux contre les obus.

Les canons de campagne (Rimailhos et 75) adroitement dissimulés dans les replis du terrain ne devaient être employés qu'à bout portant contre les assauts d'infanterie, puisque ces pièces ne pouvaient rien contre les howithzers et les pièces de siège de plus longue portée de l'ennemi. C'est ainsi que la défense efficace des positions put être assurée par un contingent des plus réduits. La position de Sainte-Geneviève par exemple, considérée par la plupart comme la clef du Grand-Couronné, n'était tenue que par un régiment de territoriaux. Mais devant cette position le terrain, plus particulièrement dans la vallée de la Moselle, était bien organisé ; il était tendu de fils de fer barbelés, et couvert d'obstacles de toute nature, constituant autant de pièges mortels. A l'ouest de la Moselle était postée une division basée sur Toul ; le 20e corps d'armée occupait le plateau d'Amance, au nord-est de Nancy. Plus au sud une mince ligne de troupes — deux divisions à peu près — étaient déployées jusqu'au canal de la Marne au Rhin, où elles se reliaient à l'armée de Dubail basée sur Epinal. De ce point, le général Dubail avait devant lui (du canal de la Marne au Rhin jusqu'aux Vosges) le gros de l'armée de von Heeringen [1].

[1] La 7e armée allemande. Voir à l'appendice, p. 284.

Les positions autour de Nancy, de Pont-à-Mousson à Dombasle, près de Lunéville, furent assaillies par 8 corps d'armée pour le moins — ou leur équivalent en nombre d'hommes (environ 350.000)[1].

Les assauts de l'infanterie commencèrent comme nous l'avons dit, par le Nord le 31 août; graduellement, ces attaques s'étendirent vers le Sud, les Allemands employant partout la même tactique : émergeant en masses profondes des bois touffus, ils se jetaient sur les positions avec la plus grande bravoure, la plus ferme détermination. Ils furent chaque fois fauchés à bout portant par milliers et ceux que la mitraille avaient épargnés étaient achevés à la baïonnette. Ils purent ainsi se rendre compte du peu d'impression qu'avait produit leur grosse artillerie sur les Français. Bavarois, Prussiens et Saxons revinrent sans cesse à l'assaut; le résultat fut toujours le même : les Allemands ne gagnèrent jamais un pouce de terrain et leurs tués s'amoncelèrent sur les pentes et au pied du Grand-Couronné. Sur un seul point, proche de Sainte-Geneviève, dans la vallée, les Français trouvèrent 4.000 cadavres allemands; et les Allemands appliquèrent à ce lieu sinistre le nom de « trou de la mort ». L'unique progrès momentané fut fait par von Stranz, qui s'empara de Pont-à-Mousson et de

[1] L'armée de Bavière, renforcée par un corps du Kronprinz (le 5e) et des divisions détachées de la 7e armée (von Heeringen).

la colline du même nom, d'où il battit du feu de son artillerie le flanc de la position de Sainte-Geneviève. Mais une contre-attaque de la division française basée sur Toul enleva la position conquise par les Allemands.

Les attaques désespérées des ennemis contre le Grand-Couronné atteignirent leur apogée le 6 septembre, lorsqu'elles culminèrent en un grand assaut général contre le plateau d'Amance. Cet assaut, ou plutôt ces séries d'assaut, furent données par des masses de 50.000 hommes à la fois, sous les yeux de l'empereur d'Allemagne accouru de son quartier général de Metz dans l'intention, a-t-on dit, de faire son entrée dans la capitale de la Lorraine ce jour-là ou le lendemain, à la tête des cuirassiers blancs qui formaient son escorte. Du sommet d'une colline à l'arrière de ses troupes, il observa anxieusement la bataille. Il n'était pas sans savoir, mis au courant par son état-major sur la tournure qu'avaient pris les événements, que ses affaires n'allaient pas trop bien ; il savait que l'ennemi était intelligent, avisé, et plein de ressources et que les armées allemandes n'avaient enregistré jusqu'alors aucun succès décisif. L'attaque de Nancy, si elle réussissait, rachèterait tout. De toutes façons, cela faciliterait grandement le mouvement enveloppant vers Paris. Ainsi espérait le Kaiser ; et il arrivait pour donner du cœur et de l'impétuosité à ses troupes. De loin ce jour-là on put distinguer sa silhouette solitaire lorgnette en mains, au sommet d'un tertre ensoleillé. Il fut montré, comme faveur insigne, à des Français qui avaient été faits prisonniers près de Sainte-Geneviève. Ces hommes ne manifestèrent aucune émotion. L'un d'eux, un réserviste, s'étant évadé, écrivit à sa famille en disant qu'il avait enfin vu le « scélérat qui avait plongé toute l'Europe dans cette guerre calamiteuse ! »

La vue de leur Kaiser transporta les troupes allemandes. Des bois elles s'élancèrent en rangs serrés, drapeaux déployés, musiques en tête. Par trois fois ce jour-là les Allemands gravirent les pentes fatales du Grand-Couronné, déjà jonchées de leurs morts ; et trois fois, ils plièrent en désordre sous le feu terrible des « 75 » et les charges à la baïonnette du 20e corps. Vers le soir, le Kaiser rentra à Metz, où l'attendaient de mauvaises nouvelles sur la tournure des événements du côté de Paris. Il avait perdu tout espoir ; mais non pas ses généraux, qui le 7 et 8 septembre renouvelèrent leurs attaques d'une manière moins théâtrale. Cependant leurs troupes étaient exténuées, découragées, et leur nombre étaient terriblement réduit. Il suffit de savoir que devant les positions du Grand-Couronné seulement, les Français ramassèrent plus de 40.000 plaques d'identité allemandes. Les autres pertes n'ont pas été évaluées et ne le seront probablement jamais. Des régiments complets, des brigades entières avaient disparu; des divisions et des corps d'armée étaient terriblement réduits. Tandis que les pertes des Français, en comparaison, étaient insignifiantes. Le 9 septembre, alors que les actions sur la Marne atteignaient leur point culminant, les efforts des Allemands contre le Grand-Couronné s'étaient déjà ralentis. C'est le soir de ce jour, que, plus par dépit que pour toute raison utile, les Allemands amenèrent, sous le couvert de la nuit, une batterie qui lança quelque 70 obus sur les faubourgs de Nancy. Le lendemain cette batterie était détruite par les canons français. Le 11 septembre, une division allemande s'avançant d'Einville se lança contre Dombasle, avec l'intention sans doute de percer la ligne française à cet endroit. Mais cette division fut embusquée par l'artillerie française dans le bois de Crévic et aux environs et elle fut presque totalement anéantie. Les Français comptèrent là plus de 3.000 cadavres allemands. Einville marque la fin de toute action offensive des Allemands en Lorraine. C'est la dernière ruade d'un ennemi déjoué, battu, le dernier effort d'une armée en détresse. A ce moment-là sur la Marne, l'action était décidée.

Les Allemands évacuèrent Lunéville occupée par eux depuis le 23 août, et ils se retirèrent la rage au cœur, sur leur propre frontière. Nancy demeurait imprenable. Pour s'en convaincre les Allemands avaient dû sacrifier plus de 200.000 hommes (soit l'équivalent de cinq corps d'armée). Et cela sans obtenir le moindre résultat.

Le général Joffre, plein de confiance dans la valeur de ses troupes et en la solidité du Grand-Couronné, n'avait eu aucune inquiétude au sujet des efforts gigantesques des Allemands en Lorraine ; et il avait pu ainsi maintenir les armées de l'Ouest assez fortes pour remplir leur rôle et accomplir leur tâche à la Marne, puisqu'il n'eut pas à puiser dans leurs effectifs pour renforcer les tranchées si parcimonieusement occupées par les héroïques défenseurs du « Grand-Couronné ».

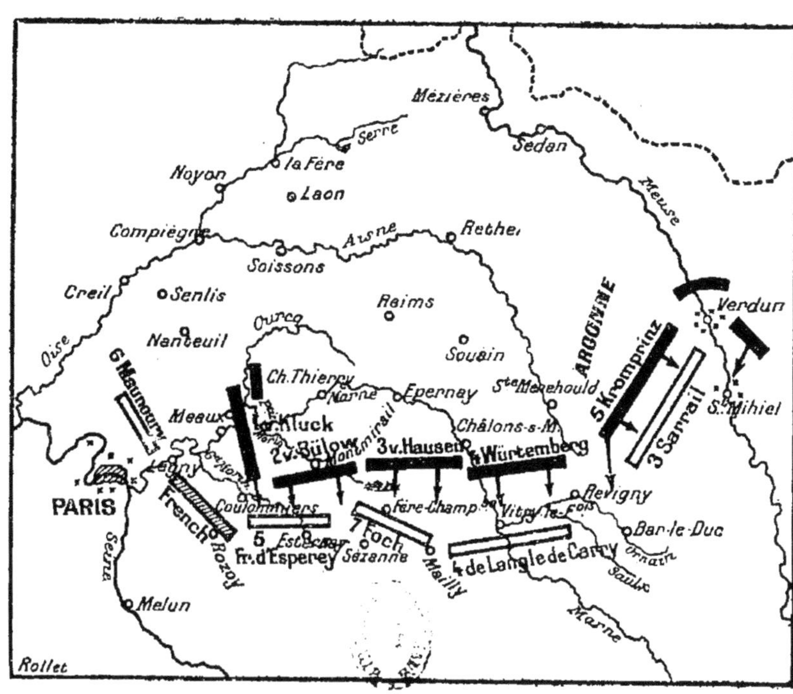

(Carte n° 15). — Limites extrêmes de la Grande Retraite. Position générale en France des armées de l'Ouest, les 5-6 septembre.

CHAPITRE XV

BATAILLE DE L'OURCQ

Nous en arrivons maintenant à des événements, qui, s'ils ne furent pas clairement compris en leur temps et sont encore mal interprétés, n'en démontrèrent pas moins à tout le monde que l'Allemagne ne gagnait pas la guerre, qu'elle était au contraire en train de la perdre. Seuls des esprits militaires, et quelques-uns seulement parmi ceux-là, auraient pu entrevoir, en se basant sur les maigres informations procurables, que les armées allemandes en France couraient à leur perte. La grande majorité des spectateurs mesuraient l'étendue des victoires allemandes, celles du passé comme celles à venir, par l'étendue du territoire belge et français occupé, par le nombre de villes et de places fortes tombées aux mains de l'envahisseur. Si les Allemands avaient attaqué Paris de suite, comme on s'y attendait, on aurait cru que c'était la fin ; et en vérité c'eût été la fin, car l'attaque de Paris par les Allemands aurait signifié que les armées françaises ne comptaient plus, qu'elles étaient défaites.

Mais quelque chose d'étrange arriva, ou plutôt quelque chose qui parut étrange à ceux qui croyaient tout bonnement que la France était vaincue et désemparée. Les colonnes allemandes qui semblaient marcher sur Paris changèrent subitement de direction. De Compiègne, au lieu de s'avancer directement sur Paris, elles obliquèrent à gauche, vers le Sud-Est, dans la direction de la Marne que les Allemands passèrent à Meaux. Les peuples furent intrigués mais grandement soulagés de penser que Paris était sauf, et pourtant si l'on considère que le public n'était pas au courant de la situation véritable, ni des intentions du général Joffre, on aurait dû être encore plus alarmé, l'objectif des Allemands n'ayant nullement changé. Les Allemands visaient à un coup plus important que l'investissement pur et simple et l'occupation de la capitale de la France. Leur but n'était rien moins que d'envelopper et d'anéantir les armées françaises en campagne, tâche difficile, mais que le haut commandement allemand se sentait capable d'accomplir ; sa confiance étant encore affermie par l'énergique résistance des Français en Lorraine, à Nancy particulièrement, cette résistance faisant présumer que les Français s'y trouvaient en forces considérables et que par conséquent ils devaient être moins forts ailleurs. C'est de cette façon que, non sans logique, les Allemands interprétèrent la retraite du général Joffre.

Les ressources de la France étant limitées, ou non encore complètement réunies, le généralissime français se trouvait devant un dilemme. De deux choses l'une, ou il devait renoncer à Nancy et à la ligne de remparts des forts de l'Est, ou bien il devait laisser Paris à découvert. Il trouva que la seconde de ces alternatives était la plus sûre, surtout parce que les Allemands pourraient être tentés d'attaquer Paris et qu'ils s'exposeraient ainsi à l'effet intégral d'un retour offensif et soudain des Français. Mais si les Allemands ne prenaient pas l'appât offert? Si au lieu de courir sur Paris ils préféraient poursuivre sans trêve leur plan d'enveloppement, le résultat ne pouvait faire un seul instant l'ombre d'un doute dans l'esprit de l'état-major allemand. Les Français, faibles et démoralisés ainsi qu'ils le paraissaient, seraient entourés et écrasés derrière les remparts mêmes auxquels ils se cramponnaient si désespérément. Cette conviction des Allemands est la véritable, l'unique explication de l'infléchissement soudain de von Kluck vers la Marne, et de la façon hasardeuse dont il exposa son propre flanc à une attaque des Français. Von Kluck n'était pas informé de la formation de la 6e armée française. Les effectifs français que jusque-là ce général avait rencontrés à la gauche des Anglais, étaient peu importants. Ces effectifs ne semblaient s'élever qu'à deux divisions de réserve très réduites et un corps de cavalerie; troupes qui avaient été assez surmenées, et devaient être épuisées. Elles se retiraient, à l'abri des Anglais en retraite, pour rentrer à Paris et s'y refaire et renforcer les troupes de la garnison en vue d'une attaque allemande qu'on attendait. Von Kluck donc, lorsqu'il laissa Paris de côté en se portant vers l'Est, n'avait pas la moindre inquiétude; il ne craignait rien pour son flanc, ni pour la sécurité de ses communications. Les précautions qu'il prit visaient les Anglais seulement; ceux-ci ayant passé la Marne à Lagny s'étaient déployés dans la région boisée au sud du Grand Morin et pouvaient prendre von Kluck en flanc. Von Kluck laissa deux corps d'armée sur les bords de l'Ourcq pour tourner les Anglais quand le moment serait venu, et il lança sa cavalerie vers l'Ouest, au delà de Crécy et de Coulommiers, pour tenir les Anglais en observation, tandis que ses corps avancés et ceux de von Bulow à sa gauche, convergeaient sur Montmirail et La Ferté-Gaucher pour se porter contre la gauche des armées françaises. Donc, la déclaration faite dans un communiqué, que « von Kluck ne tint aucun compte des Anglais » est erronée. Les Anglais avaient encore tout récemment donné des preuves de leur efficacité — à

Compiègne et à Villers-Cotterets — c'étaient tous des soldats de première ligne, et les généraux allemands savaient d'après l'histoire que des Anglais en retraite ne se laissent pas démoraliser, tandis que les Français, au contraire, sont généralement supposés perdre tout mordant, tout courage, lorsqu'ils sont mis sur la défensive. Von Kluck négligea bien quelque chose ; mais ce ne fut pas les Anglais ; ce fut la 6e armée française du général Maunoury.

De sorte que la chose principale à retenir, pour avoir une idée bien nette des opérations sur la Marne, c'est que jusqu'à l'apparition soudaine de la 6e armée française sur les derrières de von Kluck, et l'insuccès des efforts allemands, un peu plus tard, pour briser le centre français, les chefs allemands étaient dans le vague, en ce qui concernait le nombre et l'importance réelle des armées françaises de l'Ouest, et que cette ignorance était fondée principalement sur la tournure des événements en Lorraine, sur le peu de progrès des Allemands dans cette région, malgré leurs efforts gigantesques et leurs énormes pertes, état de choses qui certainement donnait à croire que Joffre avait massé ses principales forces autour des forts de l'Est.

Les Allemands devaient bientôt revenir à la réalité.

Le 5 septembre, dans les termes textuels du rapport officiel français, « les conditions que le généralissime recherchait depuis le moment où il avait refusé un engagement général sur la ligne de la Somme étaient enfin réunies ».

Ce jour-là le général Joffre lança la fameuse proclamation qui est devenue historique ; dans cette proclamation il faisait appel au courage et au patriotisme de ses troupes, l'heure étant sonnée pour la reprise de l'offensive.

« Le moment n'est plus de regarder en arrière dit-il, tous les efforts doivent être employés à attaquer et à refouler l'ennemi. Une troupe qui ne peut plus avancer devra, coûte que coûte, garder le terrain conquis et se faire tuer sur place plutôt que de reculer. »

L'effet de ces paroles sur des soldats qui avaient vu, une fois de plus, le sol natal foulé par l'ennemi, fut électrifiant ; mais on ne doit pas croire que cet appel indiquait que les Français étaient réellement acculés, ni que le grand chef comptait seulement sur leur héroïsme et leur valeur combative pour sauver la situation et la France. La grande retraite, ainsi que nous l'avons démontré, avait été *voulue ;* elle n'était pas le résultat d'une défaite, ni même d'une grande faiblesse numérique ; Joffre était maître de la situation et il le savait ; mais il savait aussi que les Allemands étaient forts, qu'ils étaient déterminés, et qu'ils feraient des efforts désespérés pour gagner l'action décisive qu'ils étaient si impatients d'enregistrer depuis leurs attaques sur Liège.

Le général Joffre savait qu'il pouvait briser ces nouveaux efforts ; mais il voulait faire mieux, il voulait infliger une défaite sérieuse aux armées allemandes, leur faire essuyer si possible un désastre complet. Pour y parvenir il se proposait ni plus ni moins que d'envelopper et de détruire l'armée de von Kluck, cette armée même qui depuis Cambrai avait vainement tenté de l'envelopper lui-même. Ce plan n'avait rien de trop prétentieux ; au contraire, von Kluck donnait tout droit dans le panneau et à moins de quelque erreur dans l'exécution de la part des Français (comme cela avait eu lieu sur la Sambre) von Kluck devait être cerné et son collègue von Bulow aussi. Le sort de l'Allemagne aurait été réglé alors, et la guerre aurait été terminée sur-le-champ, les Alliés en sortant vainqueurs, triomphants.

L'issue recherchée par le général Joffre se serait réalisée si seulement les troupes chargées du mouvement tournant et de l'attaque de l'arrière-garde de von Kluck, avaient pu momentanément restreindre leur ardeur. Il faut bien le dire, ces troupes se trouvaient dans une situation curieuse, depuis le 26 août, date à laquelle elles s'étaient portées en avant de Compiègne, où elles brûlaient de rencontrer l'ennemi. Renvoyées en arrière pendant la retraite, et ramenées, par une voie détournée, sur Amiens, elles furent de nouveau déçues en recevant l'ordre de se replier encore sans avoir eu d'engagement sérieux avec l'ennemi. Enfin à Paris, on leur annonça que l'ennemi était là et se disposait à attaquer. L'appel émouvant de Joffre enflamma tout le monde, depuis les généraux jusqu'aux simples soldats. C'est dans ces conditions que la 6e armée fut entraînée à agir prématurément.

Quand le corps de réserve du général Lamaze, formant l'aile droite de l'armée de Maunoury, entra en collision avec les Allemands près de Meaux, le corps le plus avancé de von Kluck était encore en mouvement au nord de Coulommiers et ce corps put ainsi faire demi-tour et repasser la Marne avant même que les forces opposées sur les bords du Grand-Morin eussent eu le temps de s'engager.

Voilà comment von Kluck opéra aussitôt que le charme fut rompu et qu'il comprit le danger qui le menaçait. Sans perdre un instant, il décida de battre le nouveau contingent qui apparaissait derrière lui d'une façon si inattendue. Ne laissant que des détachements et sa cavalerie pour retarder les Alliés au sud de la Marne, il ramena son 2e corps, qui repassa la Marne à Meaux; et dans le but d'écraser Maunoury rapidement, il persuada von

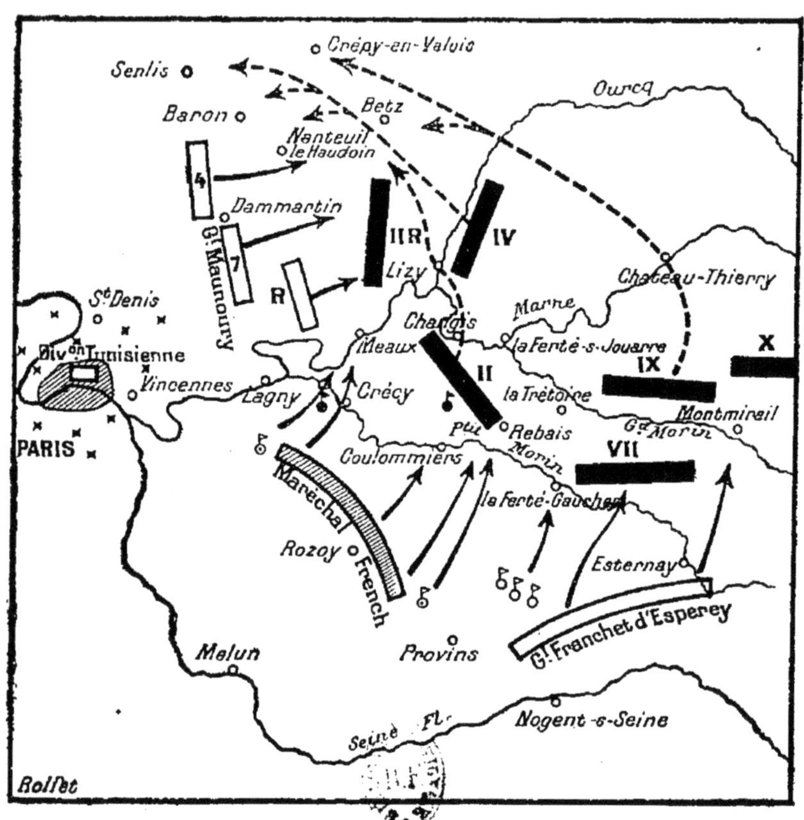

(Carte n° 16). — Bataille de l'Ourcq, 1er jour (6 septembre).

Bulow de lui envoyer un de ses corps d'armée. Il s'agissait du 9e corps qui, à ce moment-là, se trouvait être le plus rapproché des effectifs de von Kluck. Il était campé à l'ouest de Montmirail et se porta en toute hâte au nord, par Château-Thierry — voie par laquelle il était venu — afin de prendre les Français en flanc dans la direction de Betz et de Crépy-en-Valois, tandis que le 2e corps, manœuvrant derrière les forces engagées avec les Français à l'ouest de Meaux, allait appuyer le 4e corps d'armée allemand au sud de Betz.

Non seulement l'armée de Maunoury attaqua trop tôt, mais encore elle ne marcha au combat qu'en détail; et les mouvements de von Kluck furent si rapides, que le soir du 7 septembre, la 6e armée française se trouvait, au sud, séparée de Meaux, et au nord débordée dans la direction de Baron et de Nanteuil.

Cependant les troupes françaises, comprenant ce que signifierait une défaite aux portes mêmes de Paris, combattirent avec un héroïsme et un courage merveilleux, et leur chef, de tempérament ardent, mais qui n'en était pas moins un rude adversaire au combat, fit tout ce qu'il put pour reprendre l'avantage ; sans cela la 6e armée aurait peut-être succombé avant d'avoir reçu des renforts ou d'avoir pris contact avec les forces britanniques qui s'avançaient au sud de la Marne. Le 7e corps se distingua spécialement, malgré qu'à un moment donné il se trouva rudement pressé et même refoulé de Betz. Alors avec le 4e corps, renforcé par des troupes de la garnison de Paris, il reprit l'offensive et réussit à se maintenir et à enlever de nombreux trophées aux ennemis. Le 4e corps tint bon aussi près de Nanteuil. Seules les divisions de réserve opposées à des forces supérieures près de Meaux, fléchirent un moment jusqu'à l'arrivée de la division de Tunis venue de Paris, le 8 septembre dans la soirée, amenée dans une véritable armée d'auto-véhicules réquisitionnés en toute hâte dans la capitale pour ce transport urgent. La division de Tunis[1], commandée par le général Drude[2], était entièrement composée de troupes de première ligne; elle valait donc un corps d'armée ordinaire, les troupes au surplus étant toutes fraîches; elles s'élancèrent au combat en sortant des véhicules qui les avaient amenées, et bien qu'elles ne fussent point appuyées par de l'artillerie, elles repoussèrent les Allemands aux environs de Meaux, où les Français reprirent bientôt contact avèc les Anglais, qui opéraient sur le Grand-Morin.

Le général Joffre, pour l'exécution de son plan,

[1] La 45e division dont les principaux éléments étaient tirés de Tunisie.

[2] Dans la première édition anglaise une erreur s'est glissée par rapport au commandement de cette division. Le général Humbert est nommé, alors que cet officier commandait la division du Maroc appartenant à la 7e armée sous le général Foch.

avait demandé le 5 septembre à Sir John French d'effectuer un changement de front, en pivotant sur Lagny où reposait son aile gauche. Ceci fut fait, et le signal de l'offensive générale étant donné, l'armée anglaise se porta vivement en avant, dans la direction de Meaux et de La Trétoire.

Mais avant d'atteindre ces localités le 8 septembre, les Anglais durent disposer des divisions de cavalerie et des fortes arrière-gardes que von Kluck avait laissées pour les retarder. Puis, au sud de Meaux, les Anglais rencontrèrent une résistance imprévue qui les retint un certain temps, jusqu'à l'arrivée de Paris de la division de Tunis. Les Anglais et les troupes tunisiennes arrivèrent ensemble à Meaux, et attaquèrent vivement les Allemands qui occupaient encore le pays à l'est de cette ville. Au Trétoire, sur la droite des Anglais, il y eut une action sérieuse où les Allemands quoique opposés à des forces supérieures se défendirent héroïquement, et finalement furent tous tués ou faits prisonniers ; les Anglais s'emparèrent aussi d'un large butin et de nombreux canons.

Le 9 septembre, l'armée anglaise passa la Marne à l'est de Meaux. Elle avait à vrai dire peu combattu, mais la faute en revenait à la 6e armée qui, par son attaque prématurée sur l'Ourcq avait attiré contre elle-même un nombre d'ennemis qui autrement auraient été opposés aux Anglais au sud de la Marne et retenus là, ce qui aurait assuré le succès complet du plan du général Joffre.

La 5e armée française, à la droite des Anglais, eut une tâche beaucoup plus lourde, car elle fut confrontée par trois corps d'armée entiers, de la Ferté-Gaucher à Sézanne[1]. L'action de la 5e armée française devait être rapide, plus rapide que celle de l'armée anglaise, parce que l'intention du général Joffre était de séparer l'aile droite allemande du centre, de la ramasser du nord et du sud, et de l'encercler entre l'Ourcq et la Marne, ce qui aurait pu être accompli si, comme nous l'avons déjà dit, la 6e armée française n'avait pas mis trop de précipitation dans l'exécution de ses attaques de l'arrière de l'armée de von Kluck.

L'action de la 5e armée française, sous les ordres de Franchet d'Espérey, fut des plus brillantes. Dans la nuit du 5 au 6 septembre les Allemands furent surpris dans leurs bivouacs près de Montmirail. Trois villages furent emportés à la baïonnette. Le jour suivant un combat sérieux se déroula dans cette région, entre le Petit-Morin et la Marne. L'élan des troupes françaises était irrésistible. Deux

[1] Le compte rendu officiel français de cette bataille fait mention de quatre corps d'armée allemands, mais alors le IXe corps de von Bulow y serait compté ; cependant ce corps, comme nous l'avons indiqué, avait été envoyé pour renforcer von Kluck sur l'Ourcq.

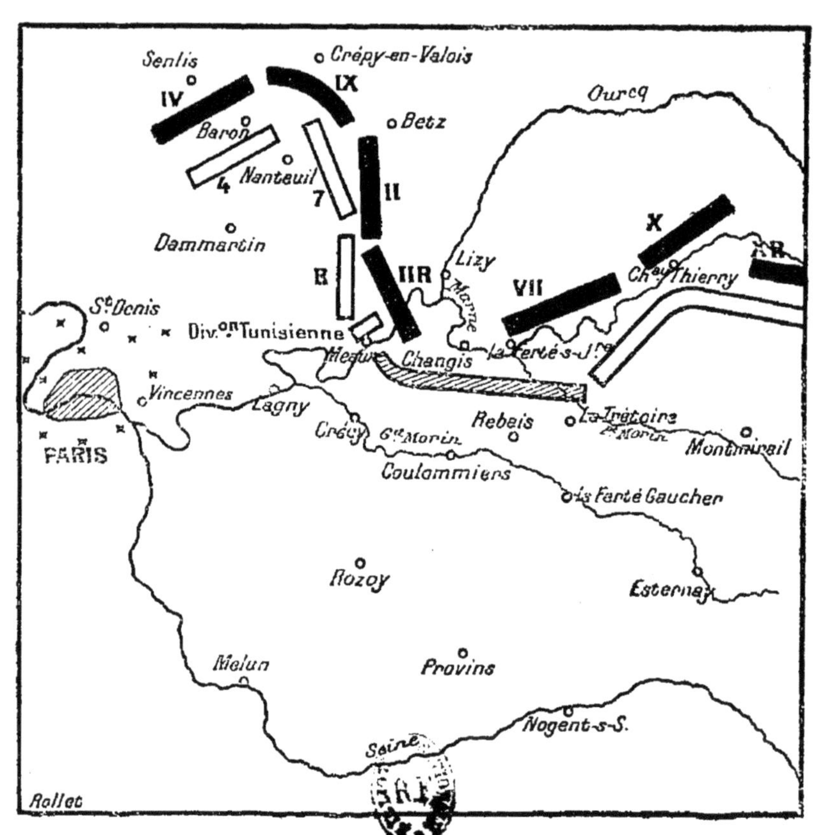

(Carte n° 17). — Bataille de l'Ourcq, 3e et 4e journées (8 et 9 septembre).

corps d'armée de Bulow furent rejetés et poursuivis jusqu'à la Marne, dans la direction de Château-Thierry. La confusion chez l'ennemi fut si complète, que l'on ne peut douter que dans cette région de la bataille les généraux allemands perdirent la tête complètement. Après leur avance rapide et à peine contestée depuis la frontière de Belgique, ils étaient parfaitement convaincus que leurs adversaires étaient démoralisés, ou, en tous cas, incapables de reprendre l'offensive d'aussi énergique façon. Les troupes de Franchet d'Espérey ne laissèrent pas à l'ennemi le temps de se reconnaître. Combattant de jour et de nuit, tout en gardant le contact avec les Anglais à leur gauche, qui avançaient dans la même direction, elles atteignirent la ligne de la Marne le 9 septembre, et franchirent cette rivière le lendemain malgré l'opposition opiniâtre et désespérée de l'ennemi.

La quantité de matériel de toute nature enlevé à l'ennemi par la 5e armée était énorme. Il y avait des canons, des howitzers, des mitrailleuses, des fusils et un stock immense de munitions, dont plus de 1.300.000 cartouches. Cependant le nombre de prisonniers qui restèrent aux mains des Français fut relativement restreint, ce qui indique qu'aussitôt que les généraux allemands eurent compris la situation, et qu'ils eurent deviné les intentions de leurs adversaires, ils décidèrent de se tirer aussi vite que possible du piège qui allait se refermer autour d'eux. A cet effet, abandonnant sagement tout le matériel encombrant, ils n'opposèrent plus que la résistance strictement nécessaire pour retarder la marche de leurs adversaires et éviter un enveloppement. Les détachements que l'on désigna pour protéger la retraite furent délibérément sacrifiés à cet effet. Le reste des troupes, hâtivement rassemblé, se retira, non sans désordre et grosses pertes, mais avec une rapidité et une cohésion de mouvements qui n'était rien moins que merveilleuse étant donné les circonstances.

Le 10 septembre au matin, les Anglais et les Français franchirent la Marne entre Meaux et Château-Thierry ; et le même jour von Kluck, renonçant à toute tentative contre Maunoury sur l'Ourcq, battit en retraite jusqu'à l'Aisne. Sa retraite semblait être la conséquence naturelle de la défaite de Bulow à Montmirail et de sa retraite rapide sur la rive droite de la Marne.

Cette opinion se retrouve dans presque toutes les relations, y compris un des comptes rendus officiels français ; ce qui ferait croire que Maunoury sur l'Ourcq aurait tout de même complètement triomphé. Mais une autre relation publiée dans le « Bulletin des Armées », le 4 décembre, prouve clairement que la retraite définitive des armées allemandes de l'aile droite, sur l'Aisne, doit être attribuée à une autre cause, dont nous traiterons dans le prochain chapitre.

Qu'il nous soit permis d'ajouter ici en passant, que l'opinion généralement accréditée n'est pas strictement conforme à l'ordre chronologique des événements, et que si l'on considère que les Allemands par la suite, non seulement purent se maintenir très longtemps en France, mais encore qu'ils purent reprendre des opérations offensives de longue durée et sur une vaste échelle ; il faut bien en conclure que, « stratégiquement », *le mouvement tournant français sur l'Ourcq* a avorté, et que le sort des batailles dites de la Marne fut décidé *ailleurs*.

CHAPITRE XVI

LE COUP DÉCISIF QUI COURONNA LA GRANDE RETRAITE. LE GÉNÉRAL FOCH DÉFAIT LES ALLEMANDS ET SAUVE LA FRANCE A LA FÈRE-CHAMPENOISE.

Dans l'examen d'une campagne, les mouvements vraiment décisifs échappent souvent à l'attention. Ceci provient autant de l'ignorance de la stratégie, que de la tendance de la majorité des gens à s'attacher aux événements, ou à certains détails de la lutte, qui frappent l'imagination, attisent les sentiments patriotiques ou stimulent l'orgueil. Les diverses relations de la bataille de la Marne en sont un exemple frappant ; toute l'attention dans cet événement dramatique étant concentrée sur les incidents desquels semblait dépendre la sécurité de la capitale de la France ; le tableau représenté de la fameuse Cité, au moment où elle est sauvée, comme aux temps d'Attila, de l'incursion des hordes barbares, constituant l'attraction principale de la guerre. D'autres parties de la France pouvaient être ravagées, polluées par l'ennemi ; mais cela importait peu au monde extérieur, tandis que Paris, l'heureux site de plaisir des viveurs cosmopolites, ne devait pas être souillé par les mains rudes du barbare. Et ainsi, tous les yeux étaient fixés sur la région où l'extrémité ouest de la ligne de l'envahisseur était en contact avec les forces désignées pour la protection et la défense de la Capitale.

La 6e armée sous les ordres de Maunoury sortit donc du camp retranché de Paris, derrière von Kluck ; les Anglais et la 5e armée française avancèrent du sud ; et les Allemands battirent en retraite, en toute hâte, jusqu'à l'Aisne, où, fait remarquable, malgré leur récente déroute et leur défaite complète, ils parvinrent néanmoins à opposer avec détermination une résistance formidable, pendant plus d'une année. Certes Paris fut « sauvé » : mais par qui ? — Par Maunoury ? — Par les Anglais ? — Par la 5e armée française ?

Personne ne semble être capable de répondre à ces questions d'une manière définitive. Maunoury en effet arrêta la marche de von Kluck contre les armées françaises au sud de la Marne, et l'obligea de refranchir la rivière ; mais Maunoury fut alors presque cerné et écrasé par von Kluck, et l'arrivée des renforts et les progrès des Anglais et de la 5e armée française parvinrent tout juste à rétablir l'équilibre. Finalement le 10 septembre, date à laquelle ils se retirèrent définitivement, von Kluck et von Bulow étaient encore assez forts, et ils auraient pu reprendre l'offensive sur des positions avantageuses. Maunoury était dangereusement débordé par Baron et Nanteuil, que von Kluck occupait encore le 9 septembre.

Dans la nuit du 9 au 10 septembre Maunoury prépara pour le lendemain une attaque dont l'issue dans son esprit était incertaine. Cette attaque n'eut pas lieu, *parce que le* 10 *septembre, de grand matin, von Kluck abandonna ses positions.* Au même moment von Bulow fit de même ; de sorte que l'aile gauche de Joffre n'eut plus qu'à se mettre en poursuite et pousser aussi loin qu'elle pouvait. Aucune résistance sérieuse ne fut rencontrée par les Alliés avant qu'ils eussent atteint la ligne de l'Aisne.

Il faut bien tenir compte de la date de la retraite soudaine de von Kluck et de von Bulow ; l'heure même du jour où cette retraite eut lieu est encore plus importante à retenir. C'est le 10 septembre, de grand matin, à six heures environ, que l'aile droite allemande abandonna ses positions sur l'Ourcq et la rive droite de la Marne, et cependant, dès la veille, les Anglais et les Français avaient passé la Marne à gué ; et Meaux était en leur pouvoir depuis le 8 au soir !

Étant donné la situation il est certain que si

les Allemands avaient été réellement pressés ils auraient exécuté leur retraite plus tôt, pendant la nuit même, et sans attendre la clarté du jour pour le faire ! C'est ainsi qu'on procède ordinairement, afin d'éviter des pertes inutiles et le désordre périlleux qui accompagne souvent une retraite exécutée en face d'un ennemi entreprenant — les chefs qui se voient dans la nécessité de battre en retraite profitent toujours, quand ils le peuvent, du voile protecteur de la nuit pour évacuer leurs positions.

C'est certainement ce que von Kluck et von Bulow, qui étaient de bons généraux, auraient dû faire, et que, fait étrange, ils ne firent point !

Le 9 septembre au soir, les colonnes de tête de Franchet d'Espérey avaient franchi la Marne, à Château-Thierry ; les Anglais étaient également au nord de cette rivière, et cependant les Allemands soutinrent le combat jusqu'au lendemain matin, tandis que pour leur sécurité, autant que pour déjouer l'ennemi, ils auraient facilement pu rompre l'action immédiatement, pour se retirer sans confusion et sans pertes.

Qu'est-ce donc qui, au dernier moment, obligea von Kluck et von Bulow, qui en somme étaient en assez bonne posture, à se retirer, on peut même dire à fuir, si précipitamment ? On trouve la réponse à cette question (nous l'avons déjà fait prévoir), dans la relation officielle du « Bulletin des armées » du 4 décembre 1914 ; cette relation intitulée : « Quatre mois de guerre » contient un paragraphe révélateur, quant à la bataille de la Marne. Cela traite de l'action de la 7e armée française, sous les ordres du général Foch, et se termine par les mots suivants : « *s'ils* (les Allemands) *nous avaient percés* (c'est-à-dire nos lignes) *entre Sézanne et Mailly* (où se tenait la 7e armée) *la situation* (créée par l'action de la 6e armée sur l'Ourcq) *aurait été renversée à leur* (celui des Allemands) *profit* ».

Rien ne pourrait être plus clair ni plus définitif. Cela veut dire, ni plus ni moins, que l'action de la 6e armée sur l'Ourcq, contre von Kluck, ne fut pas décisive ; et que si les Allemands avaient réussi à refouler ou à percer *la 7e armée française du général Foch au centre*, la 6e armée aurait été battue, et les Anglais et la 5e armée française auraient été englobés dans le désastre ; et c'est alors, par suite de tels événements, que Paris aurait été attaqué ; et l'aile gauche de Joffre, séparée du centre, aurait été refoulée et assiégée dans la capitale. L'Allemagne aurait ainsi gagné la guerre.

Ceci, comme c'est démontré dans le « Bulletin des Armées », n'est pas une supposition, ni une théorie. Nous avons vu que l'action de la 6e armée fut quelque peu prématurée ; que l'armée Maunoury, en précipitant les événements, au lieu d'attendre que von Kluck fût engagé à fond et retenu effectivement au sud de la Marne, ne parvint pas à obtenir sur l'ennemi la supériorité numérique qu'elle aurait certainement acquise en agissant au bon moment. De fait, elle se vit confrontée par des forces supérieures et faillit être écrasée. *C'est la victoire remportée par Foch au centre, à la Fère-Champenoise, qui sauva la situation,* qui sauva Paris, et qui sauva aussi l'aile gauche de Joffre d'un affreux désastre. Et cependant la victoire du général Foch, comme celle de Castelnau à Nancy, semble condamnée à l'éternel oubli, par l'ignorance et l'indifférence des masses. Les indications qui démontrent que cette bataille fut la plus importante et la plus décisive qui fut livrée dans l'ouest de la France ne font pourtant pas défaut. Les communiqués et les relations qui suivirent ont indiqué tout spécialement que c'est à La Fère-Champenoise, entre Sézanne et Mailly, que se livrèrent les combats les plus acharnés ; que là, les Allemands se battirent désespérément et firent les efforts les plus violents pour rompre la ligne française ; enfin, que c'est là que les gardes prussiennes, l'élite de l'infanterie allemande, éprouva sa seconde et presque totale défaite ; et que lorsque le Kaiser apprit le désastre infligé à von Hausen par son adversaire français, il s'exclama qu'après un tel « fiasco » le général von Hausen aurait dû se brûler la cervelle! (Ces paroles, comme bien d'autres bruits du même genre, ne sont peut-être pas exactes ; mais elles correspondent bien avec l'événement.) Mais, à quoi bon tant de preuves corroborées par les rapports officiels? l'attention des masses était concentrée ailleurs; Paris, après tout, est un endroit plus intéressant que La Fère-Champenoise.

La défaite de von Hausen à La Fère-Champenoise fut en partie le résultat de l'ignorance des Allemands par rapport à la force des armées françaises de l'ouest, mais ce fut aussi, et pardessus tout, le résultat du talent stratégique du général Foch.

La date à laquelle von Hausen commença ses attaques violentes contre Foch mérite d'être retenue. C'est le 7 septembre que ces attaques commencèrent; c'est donc en pleine connaissance du mouvement tournant de Maunoury contre von Kluck sur l'Ourcq le jour précédent que von Hausen les entreprit, ce qui démontre que si le mouvement de Maunoury fut une surprise pour les Allemands, elle ne les dérangeait déjà plus dès qu'ils comprirent que la réplique de von Kluck contre Maunoury se développait dans des conditions favorables. Mieux encore, les chefs allemands devaient conclure que, puisque les Français étaient plus

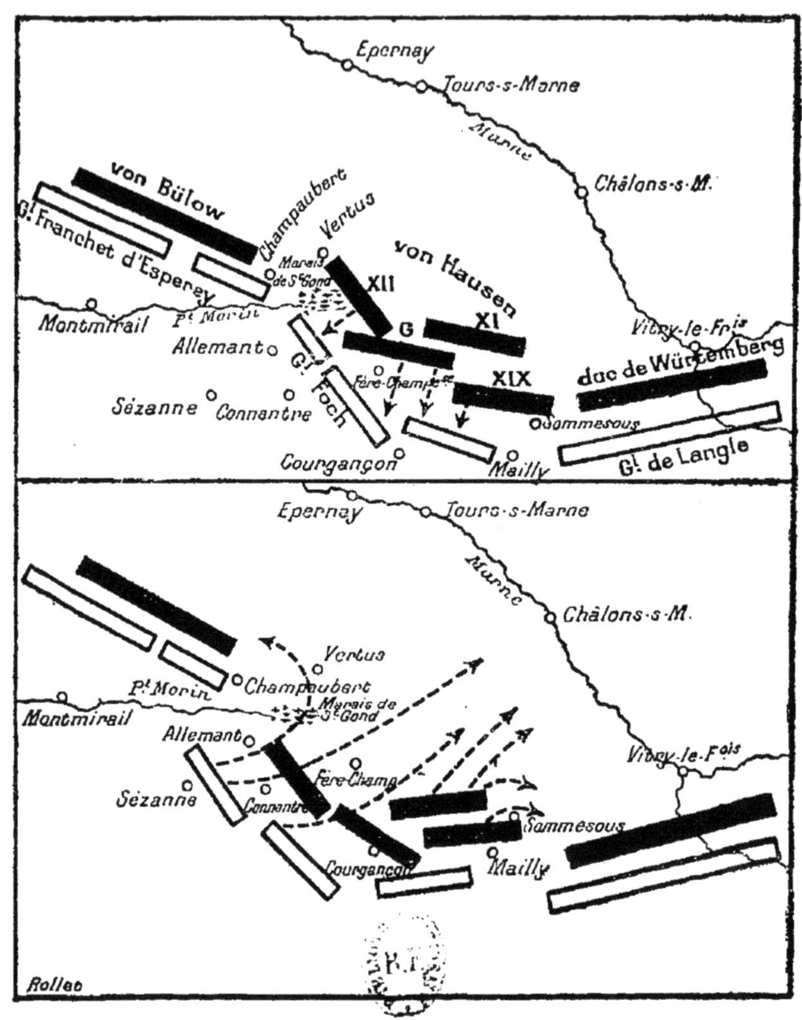

(Carte n° 18). — Bataille de La Fère Champenoise.
Attaques de Hausen (7 et 8 septembre).

Bataille de La Fère Champenoise. Contre-attaques de Foch
(9 septembre).

forts aux ailes qu'ils ne l'avaient supposé, ils devaient, en conséquence, être d'autant plus faibles au centre. D'où l'assaut de von Hausen contre le centre français, contre Foch, le 7 septembre, assaut qui fut appuyé par l'action simultanée de Wurtemberg contre de Langle de Cary plus à l'est.

La proclamation aux troupes allemandes, qui est *datée de Vitry-le-François le 7 septembre à 10 heures du soir,* démontre l'importance que le haut commandement allemand attachait à ces attaques, et à celles du lendemain. Cette proclamation qui, comme celle de Joffre le jour précédent, avait pour but de stimuler l'ardeur des combattants, se terminait par ces mots :

« Tout dépend du résultat de la journée de demain » !

Cette proclamation s'appliquait nettement et exclusivement aux efforts des armées allemandes du centre et ne concernait nullement les autres armées sur le reste du front. Malgré cela, dans toutes les relations courantes de la guerre, cette proclamation ne manque jamais d'être citée *en tête des récits traitant de la bataille de l'Ourcq,* ce qui donne l'impression que tout dépendait de l'issue de cette bataille, tandis que la localité d'où la proclamation allemande fut publiée, aussi bien que la date du document, prouvent, au contraire, que l'action décisive ne se déroula pas près de Paris, mais au centre, entre Sézanne et Vitry-le-François.

Nous nous occuperons principalement ici des opérations de l'armée de Foch.

Cette armée était la plus petite armée française de toute la longue ligne de combat; elle ne comprenait que deux corps d'armée, une division auxiliaire, et la division du Maroc, qui avait fait partie de la 5e armée sous Franchet d'Espérey.

Ces troupes, après avoir battu en retraite depuis l'Aisne jusqu'au sud de la Marne, étaient arrivées sur une ligne s'étendant approximativement de Champaubert à Mailly, en passant par la Fère-Champenoise. Le 6 septembre, lorsque Joffre lança sa fameuse proclamation pour annoncer que la retraite était terminée et que la France était prête à attaquer, les armées de Foch et de Langle s'arrêtèrent, mais au lieu de prendre l'offensive, elles restèrent sur les positions où elles se trouvaient, et s'y établirent fortement pendant que des engagements se poursuivaient sans cesse avec les avant-postes ennemis. Cette inaction momentanée au moment même où toute la ligne de Joffre, de Paris à Verdun, était supposée se porter en avant vigoureusement pour repousser l'envahisseur, s'explique aisément et révèle, dans toute sa grande simplicité, le plan conçu par le généralissime français pour embusquer les Allemands et les cerner.

Foch et de Langle, des hauteurs dominant Sézanne, aux rives de la Saulx, arrêtèrent soudainement leurs colonnes en retraite, et leur firent faire demi-tour, mais avant de prendre l'offensive, ils décidèrent d'attendre pour donner au mouvement tournant de Maunoury le temps de se développer, afin que le piège se refermât plus sûrement autour des Allemands.

Ce dessein fut dévoilé par la rapidité avec laquelle Maunoury attaqua; von Kluck, ainsi prévenu, sortit rapidement de la trappe qui allait se refermer sur lui, et von Bulow fit pareillement sinon avec égale maîtrise. Il était maintenant échu à Foch de racheter la journée. Pour apprécier comme il sied toute l'importance de son succès il est bon de se rappeler que les Allemands avaient les moyens de se retrancher sur la Marne comme ils le firent plus tard sur l'Aisne. L'issue de la guerre aurait été incertaine; Paris aurait été bombardé, comme Reims; et les ports français du nord auraient été occupés par les Allemands. C'est pour ces raisons que l'œuvre de Foch mérite d'être connue de façon universelle.

L'avance de von Hausen contre Foch fut semblable à celle de von Kluck le 5 septembre au sud de la Marne, par le fait que lui aussi (von Hausen) se porta vers l'est, mais cette direction lui fut surtout imposée par la configuration du terrain. Il avait à sa droite les terrains marécageux de Saint-Gond, près de Champaubert, et les hauteurs qui se dressent au sud de ces marais, dans la direction de Sézanne; tandis qu'à sa gauche, à l'est de la Fère-Champenoise et dans la direction de Châlons et de Mailly, le pays est parfaitement plat, quoique valonné et boisé.

Le plan de von Hausen était de contenir les forces françaises devant lui, entre Champaubert et Sézanne, tandis qu'avec sa gauche il pousserait une pointe vigoureuse entre les armées de Foch et de Langle près de Sommesous et Mailly. La disposition de ses forces était remarquable et indiquait que les corps allemands, dans leur marche précipitée, s'étaient encore croisés ; le XIXe (saxon), qui avait été d'abord sur la droite, se trouvait à présent sur la gauche, près de Châlons, tandis que le XIIe était maintenant à la droite, du côté de Champaubert, et les Gardes Prussiennes se trouvaient au centre. Dans un sens, cette disposition était favorable aux Allemands, puisque l' « élite » de leurs troupes allait être ainsi portée sur le point où l'on comptait percer les lignes françaises; cependant cette disposition péchait en ceci : que la grande rapidité de la marche en avant n'ayant pas donné le temps, ni l'espace nécessaires, au corps d'arrière (le XIe saxon) pour se déployer, ce corps était destiné à ne s'engager qu'en détail, et à ne servir qu'à peu de chose, tout en restant très exposé au feu de l'artillerie française. Un seul de ses régiments eut plus de 2.000 hommes hors de combat. En outre, pendant la confusion produite dans les rangs allemands le soir du 9 septembre, par le grand coup soudain et inattendu de Foch, le XIe corps allemand perdit sa direction et courant de-ci de-là, au nord, au sud, à l'ouest, se retrouva le 10, au matin, près de Châlons sur les pas du XIXe corps, qui battait en retraite; les égarés n'ayant eu, évidemment, jusqu'à ce moment-là, aucune idée qu'ils tournaient le dos à l'ennemi !

Le 7 septembre l'action se développa tout le long de la ligne, du nord de Sézanne jusqu'à Mailly, Vitry-le-François et les bords de la Saulx. Le 8, un formidable effort fut fait contre la droite de Foch, qui résista avec avantage à des forces supérieures, mais qui, pour des motifs ultérieurs, fut ramenée à quelques kilomètres en arrière, jusqu'à Gourgançon.

Là, les Français avaient l'avantage de la position, parce que cette localité est à proximité du camp de Mailly, champ de tir et terrain de manœuvres, que, selon l'expression employée par un officier saxon, « les Français connaissaient comme la paume de leur main ». L'artillerie française et le feu de l'infanterie obtinrent là l'effet maximum.

Les « 75 » en particulier balayèrent la plaine et fouillèrent les bois et les replis du terrain de si précise façon que les Allemands en furent comme médusés. Le progrès des colonnes allemandes fut enrayé. C'est aussi dans le voisinage de Mailly, que le XIe corps allemand, qui ne prit qu'une faible part au combat, n'en subit pas moins des pertes considérables. Les Gardes Prussiennes se ruèrent à diverses reprises contre les tranchées françaises, mais en vain. Leurs attaques de nuit échouèrent pareillement et dans cette région, des deux côtés, on se battit sans trêve, jusqu'à la débâcle finale de l'armée de von Hausen, provoquée par le magistral mouvement de flanc du général Foch.

Ce fut dans cette nuit même (8 septembre) que le général Foch ramena, dans la direction de Sézanne, la division opposée au XIIe corps allemand, division qui, il faut le dire, fléchissait sous la poussée de forces supérieures. La division du Maroc, qui reliait la gauche du général Foch à l'armée de Franchet d'Espérey, était engagée, aux environs de Champaubert et de Saint-Gond, avec le Xe corps de von Bulow, qui n'avait pas encore été ramené sur la rive droite de la Marne. C'est ainsi que la division du Maroc, alors sous les ordres du général Foch, appuya vigoureusement, du côté de l'ouest, l'action de Franchet d'Espérey contre von

Bulow ; et d'après la relation officielle même, la conduite de cette division fut héroïque.

Le 9 septembre à 6 heures du matin le recul calculé de l'aile droite et du centre de Foch était accompli (ce mouvement avait été exécuté pendant la nuit) ; et c'est ainsi que la 7e armée française, bien qu'inférieure en nombre à celle de von Hausen, forma un demi-cercle autour de celle-ci ; les lignes françaises partaient d'un point au nord de Sézanne, et passant par Allemant, Connantre et Gourgançon, s'étendaient jusqu'à Mailly.

Aussitôt que le général Foch eut achevé la nouvelle disposition de ses forces, disposition nécessaire au succès du plan audacieux qu'il avait conçu, il lança ses colonnes contre le flanc droit de von Hausen. L'effet fut subit et terrible pour les Allemands. Von Hausen, en s'acharnant à vouloir percer les lignes françaises à Mailly, avait graduellement massé la plus grande partie de ses forces à l'est et au sud de la Fère-Champenoise. Il croyait que son adversaire avait pareillement renforcé sa droite aux dépens de sa gauche, tandis que le contraire avait eu lieu... Foch ayant *ramené sa droite* pour renforcer *sa gauche*, afin de tirer parti du terrain élevé au nord de Sézanne sur lequel son aile gauche reposait, et en face de quoi les Allemands n'étaient pas en forces aussi considérables qu'ailleurs.

—

Mais pour accomplir la déconfiture de von Hausen le général Foch ne se contenta pas de pousser simplement ses colonnes contre le flanc de son adversaire ; il ordonna une offensive générale sur toute la ligne, ceci étant aussi calculé pour protéger son propre flanc contre toute contre-attaque. C'est ainsi que Foch exécuta ce qu'en termes techniques on pourrait appeler « une contraction en avant » de son aile droite, tandis que son aile gauche, descendant des hauteurs sus-mentionnées, pivotait autour du « point d'appui mouvant », ainsi créé.

Cette manœuvre est le plus grand et le plus brillant fait stratégique de la guerre. Les colonnes victorieuses de la gauche de Foch, portées près la Fère-Champenoise contre le flanc de Hausen, y entrèrent comme dans du beurre. Prises au dépourvu, les divisions prussiennes et saxonnes se retirèrent en désordre ; tandis que l'aile gauche de von Hausen, refoulée de même par la droite de Foch, se ralliait à Fère-Champenoise et sur d'autres points en offrant une résistance désespérée ; certains villages, châteaux, villas et fermes, furent pris et repris. C'est ainsi qu'un régiment français de la ligne et un autre de territoriale, disputèrent le château de Mondement aux Gardes Prussiennes et l'enlevèrent finalement. Au nord de la Fère-Champenoise les colonnes triomphantes de Foch avancèrent rapidement, poussant pêle-mêle devant elles, dans toutes les directions, les unités disjointes des XIe et XIIe corps d'armée allemands, qui s'enfuirent les unes dans la direction d'Epernay, d'autres, vers Tours-sur-Marne, d'autres encore sur Châlons. En désespoir de cause von Hausen rassembla hâtivement les quelques éléments de son armée qui dans la débâcle conservaient encore quelque cohésion, et il battit en retraite et repassa la Marne, en découvrant la droite de l'armée de Wurtemberg, que Foch attaqua aussitôt.

Tout cela fut accompli le 9 septembre, *avant la retraite de von Kluck et de von Bulow des bords de l'Ourcq et de la Marne.*

Certes, le général Foch n'entra en personne à Châlons que le 11 septembre au matin, car jusqu'à ce jour-là, il fut occupé à diriger les opérations contre le flanc de l'armée de Wurtemberg, mais la plus grande partie de ses troupes étaient déjà lancées à la poursuite de l'armée saxonne qui fuyait en déroute au nord de la Marne ; et c'est alors, le 10 septembre, que von Kluck et von Bulow, informés de la déroute de von Hausen, rompirent le combat aux environs de Paris et se replièrent définitivement vers le nord, dans la direction de l'Aisne.

Les pertes de l'armée saxonne furent sérieuses ; c'est la seule armée allemande qui, en conséquence, dut être immédiatement réformée ; elle fut placée sous les ordres d'un nouveau chef (von Cärr); et l'on peut affirmer, que si les troupes du général Foch n'avaient pas été épuisées après tant d'efforts répétés, ou encore si elles s'étaient trouvées en nombre égal à leurs adversaires, rien n'aurait pu sauver l'armée saxonne d'un anéantissement complet.

Nous n'avons pas les données nécessaires qui nous permettraient d'évaluer, même approximativement, les pertes de l'armée saxonne et des corps de la garde prussienne à la bataille de La Fère-Champenoise. Cependant on affirme que lorsque ce qu'il en restait se retrouva sur la ligne de l'Aisne, il leur manquait 300 canons, pris ou détruits par les Français, ou abandonnés par les fuyards dans les marais de Saint-Gond. Malgré la rapidité de la retraite allemande et la lassitude des vainqueurs le nombre des prisonniers ennemis a du être très élevé; mais le compte exact des prises faites par les troupes du général Foch ne sera connu que lorsque les autorités militaires françaises en publieront une liste complète ainsi que de leurs propres pertes; chose qui, pour certaines raisons, ne doit pas se faire pendant la durée des hostilités, dans une guerre moderne, et dans un pays de service militaire obligatoire pour tous [1].

1. Cela peut permettre à l'ennemi de faire des calculs sur la situation réelle de l'adversaire.

La bataille suivante fut celle de Vitry-le-François, dont le résultat fut la conséquence de la bataille de La Fère-Champenoise. Le grand-duc de Wurtemberg fut débordé au sud de Châlons, sur la ligne Sommesous-Mailly ; c'est là que la droite de l'armée de Foch et la gauche de celle de de Langle de Cary se relièrent.

Enthousiasmés de la grande victoire remportée par la 7e armée les soldats de de Langle de Cary, qui avaient résisté héroïquement aux attaques furieuses des forces de Wurtemberg, reprirent l'offensive et emportèrent tout devant eux. Vitry-le-François, que les Allemands avaient hâtivement, mais puissamment fortifié, fut assailli et pris, et ce qui restait de la IVe armée allemande fut mis en déroute sur les bords de la Saulx, et refoulé en désordre vers le nord, dans la direction de Châlons, Suippes et Reims.

CHAPITRE XVII

LA PLUS PUISSANTE DES ARMÉES ALLEMANDES, AUX APPROCHES DE VERDUN, EST REFOULÉE, AVEC PERTES ET FRACAS, PAR L'ARMÉE HÉROÏQUE DU GÉNÉRAL SARRAIL.

Bien que l'on puisse affirmer avec raison que tout ce qui arriva sur le front de combat en France après le 9 septembre découlait directement ou indirectement du résultat de la grande victoire du général Foch au centre, il n'en est pas moins vrai pourtant qu'une autre bataille importante eut lieu, dont l'issue devait avoir de très grandes conséquences et qui, par cela même, mérite d'être citée.

Cette affaire fut dirigée par le général Sarrail, commandant la 3e armée française, et eut pour objet principal la défense de Verdun, ou, pour être plus précis, la défense des approches de cette place; car selon les paroles mêmes d'un général français, une place assiégée est une place prise.

Verdun, nous l'avons déjà fait remarquer, était

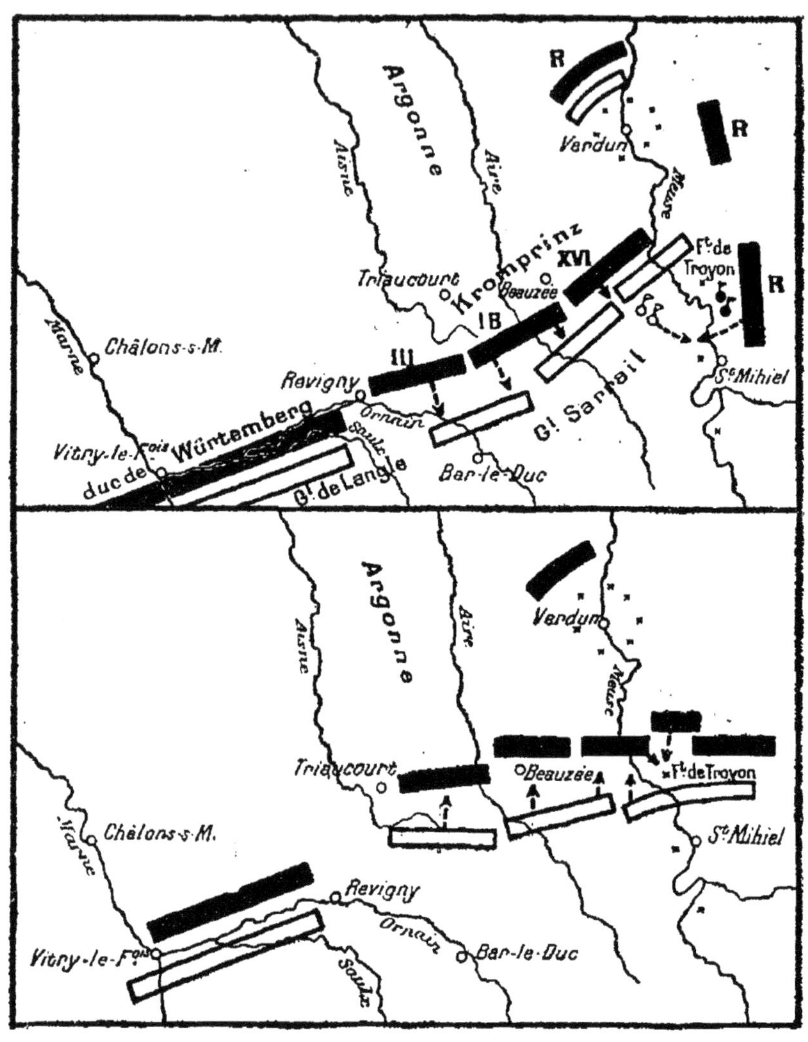

(Carte n° 19). — Bataille de Verdun (situation au 8-9 septembre).
Bataille de Verdun. Situation les 10-11 septembre.

le pivot oriental des armées françaises de l'ouest; les armées de l'est, entre Toul et Belfort, manœuvraient indépendamment (dans le sens tactique).

Dès les premiers jours de la guerre, les Allemands s'étaient proposé de prendre Verdun, où convergent les plus importantes lignes de chemins de fer du nord-est de la France, et où ils auraient trouvé un immense arsenal, une quantité énorme d'armes, de munitions et de vivres de toute espèce. Il est difficile d'estimer exactement tout ce que la possession de cette forteresse représentait pour les Allemands, mais en tous cas, ils y attachaient une très grande importance. Ils avaient de sérieuses raisons d'estimer que la reddition de cette place forte contre-balancerait n'importe quel succès des Français partout ailleurs et exercerait une forte influence sur tout le cours de la campagne.

A ce sujet, qu'il nous soit permis de noter l'opinion invraisemblable de la majorité des spectateurs intéressés — parmi le grand public tout autant que parmi les critiques militaires — sur le rôle passif, en apparence, que joua la grande forteresse française. Ces experts avisés conclurent tout bonnement que du moment que les Allemands n'effectuèrent pas l'investissement et ne s'emparèrent pas de Verdun, c'est que cela n'entrait pas dans leurs intentions. Ce raisonnement, fondé sur la foi imposée à tous de l'infaillibilité des grands chefs de la stratégie allemande, est grotesque au possible. Ceux qui, au contraire, ne s'attachent qu'à la réalité, constateront avec nous que l'armée allemande du centre avait bien, dès le début, pour mission d'approcher Verdun pour l'assiéger (ou pour l'isoler, ce qui dans la guerre moderne revient au même) ; que cette armée était la plus nombreuse de tout le front allemand, et qu'elle était placée sous les ordres du kronprinz d'Allemagne, dont le chef d'état-major, von Eichhorn, était un des meilleurs généraux d'Allemagne. Cette armée comprenait le Ier et IIIe corps bavarois, le XVIe corps d'armée et six divisions de réserve, sans compter la cavalerie, et l'appui que le Kronprinz devait recevoir, au cours des événements, de son collègue le grand-duc de Wurtemberg, dont l'armée était, à peu de chose près, aussi forte que la sienne.

L'armée de Sarrail (précédemment sous les ordres du général Ruffey), était bien inférieure en nombre à celle du Kronprinz, elle comptait cinq divisions d'infanterie en moins (le Kronprinz en ayant quinze et Sarrail dix seulement). Et nos bons « experts » nous invitent à croire, tout bonnement, que les forces ennemies avaient l'ordre de rester inactives, les bras croisés, l'arme au pied, en attendant la tournure que prendraient les événements sur d'autres points ! On passe sous silence la terrible bataille des Ardennes, la formidable contre-attaque de Sarrail à Virton, les combats acharnés d'Arrancy, de Spincourt, de Longuyon, et on n'a pas un mot à dire sur l'énergie avec laquelle la 3e armée française disputa avec succès les passages de la Meuse à l'ennemi, jusqu'au commencement de la grande retraite ! Tous ces hauts faits sont ignorés et voués à l'oubli. Il en est de même des sorties superbes exécutées par les troupes de la garnison de Verdun contre le flanc des Allemands, pendant l'avance de l'armée du Kronprinz. Des milliers de soldats français sont tombés pour la protection de la grande forteresse ; mais leur vaillance selon toute probabilité demeurera méconnue ; il n'y aura pas de poète pour chanter leurs prouesses ; et l'indifférence et la lourdeur d'esprit de la multitude en ce qui concerne la guerre, privera ces héros de l'insigne hommage qui leur est dû en souvenir de leur vaillance, de leur sacrifice, et aussi de leur succès.

Les Allemands avaient bien l'intention de prendre Verdun. Ils firent tout ce qu'ils purent pour approcher de la place et pour l'assiéger. Le changement de plan imposé aux Allemands par la retraite de Joffre ne modifia pas l'objectif du Kronprinz.

Nous avons vu que, seul, le général von Stranz, qui de l'ouest marchait sur Verdun, avait changé la direction de ses colonnes, pour prendre part à l'attaque du Grand-Couronné de Nancy. Ce changement de destination des forces de von Stranz était une faute, car dans la situation où le général Sarrail se trouvait à ce moment-là ce dernier aurait été enveloppé et submergé par l'arrivée fortuite de ces nouveaux corps allemands. Cette faute était commise il est vrai de plein gré par les Allemands qui continuaient à se méprendre sur les répliques du général Joffre ; mais ceci ne change rien au fait que la plus imposante des forces ennemies, sous les ordres du Kronprinz, combattit sans trêve et que son thème d'opération visait à isoler, à investir et à prendre Verdun ; et que dans ce but le Kronprinz et son conseiller von Eichhorn réunirent tous leurs moyens pour battre et détruire la 3e armée française commandée par le général Sarrail.

Au cours de la grande retraite, le général Sarrail eut une tâche difficile et ingrate. Pendant qu'il se repliait à travers le pays accidenté et boisé de l'Argonne, de façon à ne pas perdre le contact avec les autres armées françaises à sa gauche, il devait en même temps protéger les approches de Verdun par le nord, par l'est et par l'ouest. Le Kronprinz disposait de forces suffisantes pour se déployer autour de son adversaire et pénétrer à travers ses lignes de l'est à l'ouest, aussi bien que de l'ouest à l'est, et pour refouler, tout au moins, une partie de l'armée de Sarrail dans la place de Verdun. Le IIIe corps d'armée allemand s'avança par la forêt, en marchant directement sur Bar-le-Duc, tandis que le Ier corps bavarois et le XVIe corps d'armée poussaient une pointe dans la direction de Troyon et de Saint-Mihiel. A l'est de Verdun, des divisions de réserve avançaient sur la rive droite de la Meuse et se proposaient, en passant la rivière près de Saint-Mihiel, de joindre leurs efforts à ceux des forces allemandes qui opéraient sur la rive gauche de la Meuse. Si le plan du Kronprinz réussissait, le corps d'armée de la droite de Sarrail, qui était appuyé sur Verdun, serait séparé des autres et refoulé dans la forteresse ; tandis que, vers le sud, Sarrail perdrait contact avec la 4e armée à sa gauche, et serait refoulé dans la place de Toul. Il est impossible de dire l'effet moral qu'aurait produit une telle situation sur les défenseurs de Nancy, qui précisément, à ce moment-là, combattaient dos à dos avec l'armée de Sarrail ; mais on ne peut nier qu'un pareil événement aurait gravement contre-balancé les succès déjà obtenus par les Alliés sur la Marne.

Sans nul doute ces succès des Alliés firent grande impression sur le Kronprinz et sur ses généraux, mais leur armée étant puissante et presqu'intacte, ils disposaient ainsi de moyens suffisants pour remporter une victoire complète, avant que les Alliés eussent eu le temps de compter d'autres progrès ailleurs.

C'est le 8 septembre que l'armée de Sarrail atteignit la limite de son mouvement rétrograde. A ce moment-là les Allemands, continuant leur poussée, attaquaient en force sur toute la ligne et de tous les côtés à la fois. Le jour suivant (le 9 septembre, le jour même de la bataille de la Fère-Champenoise), le général Sarrail contre-attaqua avec son centre, tandis qu'il transférait, de sa gauche à sa droite, ses deux corps de cavalerie, pour arrêter les progrès des Allemands qui avaient réussi à franchir la Meuse sur ses derrières, près de Saint-Mihiel.

Ces deux opérations réussirent au delà même des espérances du général français. Près de Saint-Mihiel les Allemands furent rejetés de l'autre côté de la Meuse, après avoir éprouvé de lourdes pertes; à l'extrémité opposée, près de Révigny, le IIIe corps d'armée allemand, qui s'efforçait d'atteindre Bar-le-Duc, fut refoulé, après un combat des plus sanglants; pendant qu'au centre, le XVIe corps d'armée allemand perdait onze batteries, qui furent détruites par l'action de l'artillerie française. C'est le lendemain (10 septembre) que le Kronprinz, rudement secoué par ses échecs, reçut la nouvelle inattendue de la déroute de von Hausen et de Wurtemberg à la Fère-Champenoise et à Vitry-le-

François, et de la retraite soudaine de von Kluck et de von Bulow vers l'Aisne ; atterré à l'annonce de ces revers, il entreprit un coup de main désespéré contre le fort de Troyon. Ses troupes occupaient alors une ligne qui s'étendait de Thiaucourt (au sud de l'Argonne), à Troyon, en passant par Beauzée ; et elles faisaient ainsi toutes face à l'est, en exposant leur flanc aux colonnes de Sarrail qui s'avançaient contre elles. Ce dispositif après bousculement indiquait que le Kronprinz, ou plutôt son conseiller von Eichhorn, était absolument certain de se frayer passage à travers la Meuse, vers Metz, en négociant tous les obstacles. Ils y seraient certainement parvenus, car en dépit d'une merveilleuse et héroïque résistance, le fort Troyon, qui barrait la route, n'aurait pu tenir longtemps. Mais les ennemis avaient compté sans Sarrail. N'accordant aucun repos à ses bataillons épuisés dans une lutte sans trêve ; surmontant les difficultés du terrain, les obstacles et les travaux de défense érigés en toute hâte par l'ennemi pour entraver sa marche, le général français emporta tout devant lui dans un élan irrésistible. Le Kronprinz dut abandonner sa vaine tentative et ramener en arrière ses troupes cruellement éprouvées, à travers ces mêmes immenses forêts par lesquelles, quelques jours auparavant, les Français avaient battu en retraite, mais dans des conditions toutes différentes, car la retraite du Kronprinz ressemblait plutôt à une déroute. Il abandonnait une foule de prisonniers, de blessés, et de bagages; et après cette expérience désastreuse pour ses armes, il alla rejoindre, au nord de Verdun, les autres armées allemandes également déconfites et terriblement réduites, qui s'étaient arrêtées sur la ligne de l'Aisne jusqu'à Soissons. C'est là que, à couvert de travaux de défense, rapidement érigés, ils eurent le temps de se fortifier grâce à la lassitude de leurs adversaires qui, il faut bien l'admettre, n'étaient guère préparés aux moyens auxquels les Allemands allaient recourir après leur grande défaite.

Les Alliés, enthousiasmés par le succès, avaient dans leur avance rapide et leur poursuite sans trêve perdu un peu de leur propre cohésion. Sans cela, ils auraient pu emporter rapidement les premières lignes de défenses élevées en hâte par les Allemands le long du cours de l'Aisne, et auraient ainsi obligé l'ennemi à continuer sa course, sinon jusqu'au Rhin, au moins jusqu'à la frontière belge. Dans le sens général, néanmoins, la victoire de la Marne fut complète, quoique les Allemands n'eussent pas été anéantis, ni définitivement battus, comme le général Joffre se l'était proposé.

Cependant l'ombre de la défaite et d'une invasion

permanente qui jusqu'alors avait plané sur la France s'était dissipée ! La menace avait été écartée pour toujours. La théorie de l'invincibilité allemande, proclamée dans le monde entier depuis un demi-siècle, avait vécu ; elle fut réduite à néant à la Marne.

De par cette lutte de Titans, qui décida de l'avenir de l'Europe, il était maintenant établi aux yeux de tous que les Allemands, malgré leur supériorité numérique (dont ils bénéficièrent partout, tout le long de la ligne), malgré l'organisation militaire la plus parfaite, n'étaient pas capables d'écraser leurs adversaires, ainsi qu'ils eussent dû le faire selon l'opinion arrêtée et l'attente de la grande majorité des experts d'Europe.

Combien grande dut être la surprise générale lorsqu'au contraire, malgré tous leurs avantages, les envahisseurs furent repoussés et poursuivis sur un parcours de 40 milles, par des adversaires beaucoup moins nombreux, et qui en outre n'avaient ni l'organisation militaire, ni l'excellente et complète préparation des Allemands !

A quoi faut-il attribuer ce résultat si surprenant ? A la bravoure, au courage, à la puissance combative ?

Jusqu'à un certain point peut-être ! Mais pas entièrement, car les Allemands aussi sont courageux et braves et ils avaient appris à bien se battre.

Leur tactique était admirable et quoique meurtrière et coûteuse pour ceux-là mêmes qui l'emploient, elle n'en était pas moins supérieure, et plus perfectionnée que celle des Français.

La victoire des Alliés doit être attribuée à leur stratégie supérieure.

A forces égales et même quelquefois lorsque les forces sont inégales, comme ce fut le cas dans cette campagne, l'armée la mieux dirigée doit à la longue l'emporter sur les forces adverses et obtenir la suprématie sur le champ de bataille. A la longue, une bonne direction et de sages principes donneront l'avantage à l'armée moins forte sur l'armée plus nombreuse.

La conduite des Alliés (Anglais, Belges et Français) fut excellente. L'armée belge, si méconnue, se battit bien à Louvain. Le tir de l'infanterie anglaise ébranla les Allemands à Mons et à Cambrai. Les canons français de « 75 » furent une révélation pour l'adversaire, comme le fut aussi la souplesse et l'élasticité de l'infanterie française, qui combattit sans cesse contre des forces supérieures; mais en dépit de tout cela les Allemands auraient gagné la campagne et la guerre, s'ils avaient eu un Joffre, ou un Foch à leur tête. On ne devra jamais oublier que la plus grande surprise de cette guerre ne fut pas la conduite héroïque des Belges, ni l'efficacité remarquable de la « méprisable » petite armée expéditionnaire anglaise, mais l'habileté de l'état-major français, qui était totalement ignorée, insoupçonnée du grand public avant la guerre, car elle n'a jamais été annoncée ou proclamée par la grosse caisse, les trompettes et les canons de la presse du monde entier. La France doit son salut à l'état-major français ; à des hommes tels que Joffre, Foch, Pau, de Castelnau, Sarrail, Dubail..., et c'est à cette pléiade de chefs de l'école française que les Alliés sont aussi redevables de leurs succès dans la lutte inégale avec les légions admirablement exercées et supérieurement organisées, qu'étaient les innombrables guerriers de la Germanie. Sans la première offensive française en Alsace, qui donna l'initiative aux Alliés — une initiative qu'ils surent toujours conserver depuis, et qu'ils se garderont bien de perdre jusqu'à la fin de la guerre — sans la défense victorieuse de Nancy et de Verdun, et après la grande retraite, la manœuvre triomphale de Foch à La Fère-Champenoise, qui fut si habilement conçue et exécutée, la campagne ne pouvait et n'aurait pas été gagnée. La France aurait été rapidement vaincue et conquise ; la Belgique serait pour toujours au pouvoir des Allemands ; et à son tour la Russie aurait succombé sous l'avalanche irrésistible des armées allemandes victorieuses. Quant à l'Angleterre,... mais c'en est assez ! Nous laissons au lecteur le soin de se représenter ce qu'aurait été la lutte entre l'Europe germanisée et l'Angleterre, et en tirant la conclusion inévitable, il comprendra quelle dette de reconnaissance a été contractée envers la nation qui, sans faiblir et en silence, a su résister au plus grand effort des attaques formidables, sans frein, « kolossales », de l'Allemagne en armes.

Si la victoire est bien acquise, nous devons cependant ajouter qu'elle n'a pas été définitive. En effet, la victoire dite de la Marne, qui aurait été plus justement nommée d'après la bataille de La Fère-Champenoise, ne fut pas finale. Elle ne pouvait pas terminer la guerre, elle ne put pas même l'écourter, et cela pour diverses raisons. Nous en avons déjà donné une ; l'action prématurée de la 6e armée française sur l'Ourcq. Les autres raisons ne sont malheureusement que trop évidentes. Prépondérance numérique des Allemands, leurs ressources presque inépuisables, leurs préparatifs immenses et complets en prévision de la guerre. Par contre, dès l'ouverture des hostilités la France était « handicappée », et l'était encore même après la défaite de la grande poussée des Allemands. Malgré les énormes pertes allemandes, les armées françaises étaient à ce point inférieures en nombre de combattants, que, même avec l'aide des Anglais et des Belges immédiatement après la ba-

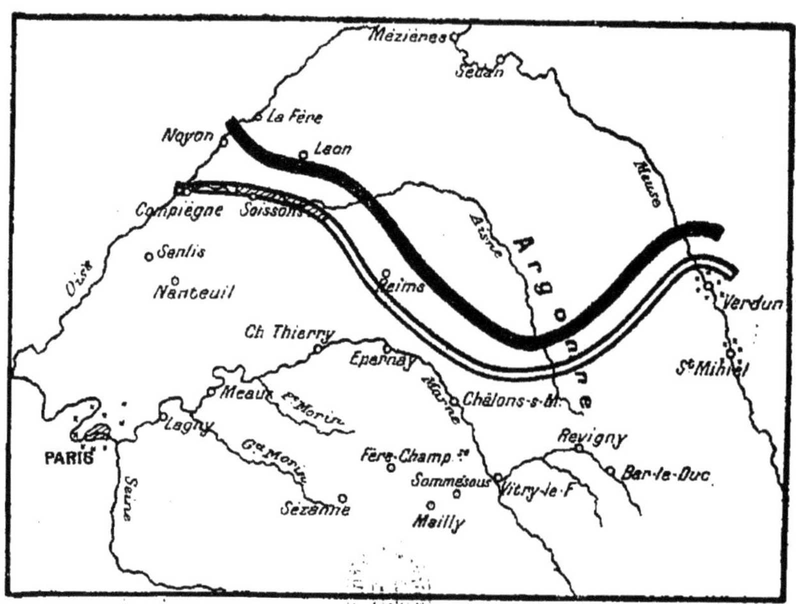

(Carte n° 20). — Fin de la retraite allemande de la Marne. Situation en France des armées de l'Ouest à la date du 12-13 septembre 1914.

taille de la Marne, la France ne pouvait guère espérer faire plus qu'elle n'avait fait, à moins de s'exposer à se voir saigner à blanc pour sortir victorieuse d'une lutte inégale ; affreusement, cruellement mutilée.

L'objet principal était acquis... les envahisseurs avaient été arrêtés, repoussés et réduits à la défensive. N'était-ce pas déjà un résultat extraordinaire, merveilleux? C'était la victoire... mais une tâche encore plus lourde restait à accomplir... celle de réduire l'ennemi, d'abattre ses forces, et de l'écraser pour toujours.

Les forces de la France seule ne suffisaient point pour obtenir ce résultat. Aussi le général Joffre fut-il bien inspiré en adoptant une guerre d'attente qui devait lui permettre d'accumuler de nouvelles forces, pendant qu'il retenait les Allemands acculés, sur toute la ligne sur laquelle ils s'étaient décidés à s'arrêter ; ce qu'ils firent beaucoup plus pour des raisons politiques que pour des motifs stratégiques.

Dans la seconde phase de l'histoire de la guerre nous verrons comment le généralissime français effectua cette proposition ; comment l'armée belge, qui se trouvait isolée à Anvers, parvint à joindre ses forces à celles des Alliés; comment à la longue la pression des Russes dans l'est se fit sentir sur le front allemand en France, et comment l'Angleterre augmenta graduellement sa participation aux opérations militaires, tout en gênant considérablement l'Empire allemand par l'action de sa flotte de guerre.

APPENDICE

La disposition des unités de l'armée allemande (corps d'armée) comme elle est donnée dans cette relation de la campagne, ne concorde pas entièrement avec les comptes rendus officiels. Elle est cependant exacte, les comptes rendus officiels renfermant bon nombre d'inexactitudes et d'indications contradictoires à ce sujet. Ainsi, pour donner quelques exemples : dans la dépêche de Sir John French sur la bataille de la Marne, la composition de l'armée allemande sous les ordres de von Kluck aurait été la suivante : le IIIe corps d'armée, le IVe de réserve et le VIIe corps d'armée ; alors qu'en réalité le VIIe corps faisait partie de l'armée de von Bülow, le IVe de réserve était près d'Anvers, et le IIIe corps faisait partie du commandement du Kronprinz entre Verdun et Metz.

Dans le compte rendu officiel français, le VIIIe corps est attribué au Kronprinz, tandis qu'il faisait réellement partie de l'armée du grand-duc de Wurtemberg et combattait à l'époque indiquée (8 au 10 septembre) non pas près de Révigny dans l'Argonne, mais à Vitry-le-François, sur la Marne. Dans divers rapports tirés de sources officielles on rencontre d'autres inexactitudes de ce genre dont quelques-unes proviennent apparemment d'une calligraphie défectueuse en ce qui concerne la formation des chiffres. C'est ainsi que le Xe (10e corps). qui appartenait au commandement de von Bülow, se trouve mentionné aussi comme appartenant à l'armée du Kronprinz à l'autre extrémité du front occidental en France. Ce corps d'armée, mentionné comme étant sous les ordres du Kronprinz, était en réalité le Ier bavarois, indiqué en abrégé : IB, le « B » de bavarois ressemblant à un « 0 ». De même le XIe corps (11e), de von Hausen, est souvent confondu avec le XVIIe corps d'armée (17e) qui était placé sous les ordres de Wurtemberg ; le chiffre 7 en calligraphie ordinaire ressemblant beaucoup à un « 1 ».

L'erreur commise dans le compte rendu officiel français à propos du VIIIe corps (8e) provient sans doute de la même cause, le chiffre 3 étant souvent écrit de façon à ressembler à un 8.

Nous n'avons épargné aucun effort pour découvrir la composition exacte des armées allemandes en France en août-septembre 1914. La tâche n'a pas été facile, car le secret gardé par les autorités militaires allemandes quant à la distribution de leurs forces, était presque aussi inexorablement imposé que par les autorités françaises; cependant malgré toutes les difficultés, nons avons réussi à établir un état exact des corps d'armée allemands qui opéraient en France dans les premiers jours de septembre, avec leur groupement sous leurs différents chefs :

1re armée. — Général von Kluck : IIe corps et IIe de réserve, IVe corps d'armée.

2e armée. — Général von Bülow : VIIe, IXe, Xe corps d'armée et Xe de réserve.

3e armée. — Général von Hausen : Garde, XIe, XIIe et XIXe corps d'armée; cette armée est généralement appelée armée saxonne.

4e armée. — Grand-duc de Wurtemberg : VIIIe, XIIIe, XVIIe, et le corps de réserve d'un de ces corps d'armée.

5e armée. — Kronprinz : IIIe, Ve [1], XVIe et Ier Bavarois, et 3 corps de réserve.

6e armée. — Prince Rupprecht de Bavière : XXIe, IIe et IIIe Bavarois, plus 2 corps de réserve.

[1] A propos du Ve corps, voir au chapitre XVII la composition donnée de l'armée du Kronprinz, où ce corps n'est pas mentionné et se référer ensuite au chapitre XIV où l'on verra que ce corps d'armée prit part à l'attaque du « Grand-Couronné » et ne pouvait, par conséquent, pas être compris dans la nomenclature des unités allemandes opposées au général Sarrail, près de Verdun, à la même date.

7e armée. — Général von Heeringen : XIVe, XVe, XVIIIe et un corps de réserve.

Ceci ne comprend pas la cavalerie, dont il y avait 10 divisions réparties inégalement parmi les divers commandements, ni le IVe corps de réserve et le VIe corps d'armée de von Kluck, qui opéraient contre les Belges près d'Anvers.

SOURCES D'INFORMATION

1. Les Communiqués français.
2. Les dépêches de Sir John French.
3. Revue officielle de la guerre. Bulletin des armées, 4 décembre 1914.
4. Relation officielle française, intitulée « Six mois de guerre ».
5. Relations données par les officiers de l'État-Major français à divers membres de la Presse sur les opérations autour de Lunéville, de Nancy et sur l'Ourcq.
6. Rapports officiels sur les atrocités, pour reconnaître la position exacte de certaines unités allemandes, à certaines dates.
7. Annonces dans les journaux français de soldats disparus sur divers champs de bataille, permettant de fixer la position de certaines unités françaises.
8. Notes et mémoires d'officiers et soldats, allemands en particulier, pour fixer la position d'unités allemandes et françaises.
9. Listes allemandes de pertes, pour fixer la position de certaines unités ; et une quantité d'autres éléments sérieux de recherche, constituant des sources d'information dignes de foi.

TABLE DES CARTES

TABLE DES MATIÈRES

ÉVREUX, IMPRIMERIE CH. HÉRISSEY

www.ingramcontent.com/pod-product-compliance
Ingram Content Group UK Ltd.
Pitfield, Milton Keynes, MK11 3LW, UK
UKHW020311230726
13925UKWH00002B/347

9 782013 417440